Ungarisches
KOCHBUCH

ISBN: 978-3-757634001

Email: info@edition-dreiblatt.de
www.edition-dreiblatt.de

Psiana eCom UG
Berumer Str. 44
26844 Jemgum

Ungarisches KOCHBUCH

DIE LECKERSTEN, AUTHENTISCHEN UND EINFACHEN REZEPTE DER UNGARISCHEN KÜCHE FÜR DEN ALLTAG

Vorwort

Beim Gedanken an ein würziges Gulasch läuft Ihnen das Wasser im Munde zusammen? Sie fragen sich, ob die Erfinder dieser Köstlichkeit nicht noch andere unvergleichliche Leckerbissen im Rezeptbuch haben? Vielleicht haben Sie schon einmal Urlaub am Balaton genossen und sind dort Fan der ungarischen Schlemmereien geworden? Dann müssen Sie für Ihr nächstes Geschmacksabenteuer nicht verreisen, sondern holen sich mit diesem Kochbuch ein Stück Ungarn ganz einfach auf den Esstisch!

Jahrhundertealte bäuerlich-bodenständige Küchentraditionen, der Gemüse-, Obst- und Fleischsegen reger Landwirtschaft, Fischreichtum aus dem Plattensee und dazu das Glück herrlicher Weinbaugebiete: Die Rohstoffe der ungarischen Küche bieten die perfekte Basis für Hochgenuss und mit der einzigartigen, historisch bedingten Mischung aus türkisch-osmanischem Einfluss sowie den Spuren der Wiener Hofküche ergibt sich eine kulinarische Genusspalette der ganz besonderen Art.

Dieses Buch versorgt Sie mit den besten Originalrezepten für jeden Anlass und Geschmack und lässt von Salaten und Suppen über Hauptgerichte und Snacks bis hin zu verführerischen Desserts und feinen Getränken keine Wünsche offen. Fleisch- und Fischfreunde kommen dabei ebenso auf ihre Kosten wie Fans der aromatischen Veggie-Küche.

Guten Appetit!

Edition Dreiblatt

Hallo, schön, dass Sie da sind!
Als junges Start-Up möchten wir mit liebevollen Kochbüchern die Freude am Kochen (wieder-)erwecken und zu einer natürlichen Ernährung abseits von Fast Food und Fertigprodukten animieren.

Sollte Ihnen dieses Kochbuch gefallen, würden wir uns über eine Rezension bei Amazon riesig freuen. Sollten Sie Anregungen oder Verbesserungsideen haben, dann schreiben Sie uns liebend gerne unter: feedback@edition-dreiblatt.de

Werden Sie Mitglied unseres Newsletters!

Köstliche Rezeptideen, Neuerscheinungen, exklusive Gewinnspiele und vieles mehr.

Jetzt eintragen unter:
www.edition-dreiblatt.de

Entdecken Sie unzählige spannende Kochbücher!

Inhalt

So schmeckt Ungarn

Frühstück

Brote & Aufstriche

Salate & Dressings

Suppen

Fleisch & Geflügel

Fisch & Meeresfrüchte

Vegetarische Hauptgerichte

Vegane Hauptgerichte

Snacks & Fingerfood

Süßspeisen & Desserts

Smoothies & Getränke

Register

So schmeckt Ungarn

Mehr als nur Gulasch

Bei ungarischer Küche denken Sie als Erstes an würziges Gulasch, das die Seele an kalten Tagen von innen wärmt? Damit haben Sie schon einmal einen Volltreffer mitten ins Herz ungarischer Kochtradition gelandet, denn so ein richtig leckeres Gulasch vereint vieles in sich, was Ungarn-Kulinarik ausmacht: würzig-köstlich und dabei doch ganz bodenständig, einfache Zutaten, die jedoch mit kundiger Zubereitung raffinierten Geschmack ergeben, deftiges Fleisch und jede Menge Paprika. Wer aber nur beim Gulasch bleibt, verpasst eine Menge, denn die Landesküche Ungarns trumpft mit einer großen Vielfalt an unterschiedlichen, traditionsreichen und geschmackvollen Köstlichkeiten auf.

Die wechselvolle Geschichte des Landes, seine bäuerliche Bevölkerung und deren landwirtschaftlicher Reichtum sowie Jahrhunderte der Tradition und Gastkultur haben ein einzigartiges geschmackliches Ensemble hervorgebracht, das mit deftigen Eintöpfen ebenso punktet wie mit weltberühmt gewordenen Konditoreiklassikern.

Auch als Urlaubsland wird das Balaton-Land hierzulande immer beliebter, doch um sich durch die ungarische Küche zu schlemmen, müssen Sie nicht verreisen: Stattdessen können Sie sich mit diesem Kochbuch auf einen köstlichen, vielfältigen und überraschenden Streifzug durch die weiten Geschmackswelten der ehemaligen Monarchie machen – und das ist so unkompliziert wie verführerisch.

Die Rezepte präsentieren zwar allesamt authentische Originalschlemmereien, doch aufwendig oder schwierig zu kochen sind sie nicht. Zwar muss so ein richtig herzhaftes Gulasch durchaus eine Weile vor sich hinköcheln, aber währenddessen können Sie sich anderen Dingen zuwenden, und abgesehen davon punkten die meisten Leckereien mit schneller, einfacher Zubereitung.

Genauso wenig müssen Sie sich auf die Suche nach exotischen Zutaten machen, denn die allermeisten Gerichte kommen mit Lebensmitteln aus, die auch hierzulande zum Standard gehören; vereinzelte Spezialprodukte erhalten Sie längst im gut sortierten Supermarkt oder lassen sich ganz einfach durch ein gängiges Produkt ersetzen.

Der kulinarischen Reise im Alltag steht also nichts entgegen und damit das mit dem richtigen Originalgeschmack klappt, erfahren Sie nun noch in Kürze die wichtigsten Fakten rund um ungarische Küche, Tradition und die besten Kochtricks.

Historisch, wechselvoll, einzigartig

Das Fundament der ungarischen Küche liegt in der ländlich-regional geprägten bäuerlichen Lebensweise der Bevölkerung zu den Zeiten des ungarischen Königreichs ab etwa dem Jahr 1000. Landwirtschaft mit Viehhaltung und reger Obst- und Gemüseanbau sorgten stets für jede Menge Fleisch, Feldfrüchte und Obst, der Plattensee schenkte Fischreichtum – insbesondere Zander – und dazu ist Ungarn seit Jahrhunderten mit Weinbaugebieten gesegnet, die mittlerweile hochklassige Tropfen hervorbringen.

Mitte des 16. Jahrhunderts wirkte dann ein ganz neuer Einfluss auf die traditionelle Küche: Nach der Eroberung durch Sultan Süleyman I. fiel das Land dem Osmanischen Reich zu und stand für die nächsten 145 Jahre unter türkischer Herrschaft und Spuren dieses kulturellen Einflusses finden sich bis heute in den Kochtöpfen.

In eine gänzlich andere Richtung entwickelte sich das Land schließlich 1686, als es zunächst von den Habsburgern erobert wurde, woran sich eine höchst unruhige Phase von Aufständen, Revolution und deren blutiger Niederschlagung anschloss, die schließlich 1867 zur Ausrufung der Doppelmonarchie Österreich-Ungarn führte. Nun wirkte in den ungarischen Küchen der Esprit der österreichischen bzw. der gehobenen Wiener Hofküche und auch dieser macht sich noch heute bei Tisch bemerkbar – insbesondere in der Raffinesse berühmter ungarischer Süßspeisen bzw. Konditoreispezialitäten.

Schließlich geriet nach Ende des 2. Weltkriegs Ungarn unter sowjetische bzw. russische Vorherrschaft und wurde Teil der UdSSR. Auch aus dieser Zeit finden sich Spuren in der Küche, die entscheidende Prägung der nationalen Kulinarik hatte jedoch längst davor stattgefunden.

Typisch ungarisch

Aus dieser spannenden historischen Gemengelage heraus hat sich die heute bekannte ungarische Küche entwickelt und sie ist zum einen auf ganz besondere Weise einzigartig, zum anderen sticht sie auch mit ein paar ganz prägnanten Merkmalen heraus. Superstar Nr. 1 in ungarischen Töpfen und Pfannen ist unangefochten die Paprika. Ob frisch als Gemüse, in Pulverform zum Würzen oder püriert zur Zubereitung und Abschmeckung zahlreicher Speisen – ohne Paprika kommt in Ungarn kaum etwas auf den Tisch.

Dicht gefolgt wird der Allrounder von „tejföl", einem Sauermilchprodukt in der Art von Sauerrahm oder Schmand. In der Originalvariante entspricht tejföl aufgrund seines Fettgehalts eher dem im Vergleich fettreicheren Schmand, doch es gibt auch von tejföl fettarme Varianten, die dann dem Sauerrahm näherkommen. Verwendet wird das Milchprodukt reichlich und häufig: zum Abschmecken und Binden von Eintöpfen, Suppen oder Fleischgerichten, der Klecks obenauf zur Abrundung ist fast unverzichtbar.

Eine wichtige Rolle spielt Fleisch, hier landen vor allem Schwein, Geflügel und Rind auf dem Tisch, auch besondere Würste wie ungarische Salami oder Paprika-Knacker-ähnliche Kolbász erfreuen sich großer Beliebtheit. Nockerl und Kartoffeln sind häufige Beilagen, zudem wird oft ein Salat aus Gemüsesorten wie Tomaten, Kohl und natürlich Paprika gereicht.

Eine weitere Besonderheit der ungarischen Küche liegt in ihrer Panierfreude: Nahezu alles, was sich irgendwie panieren lässt, wird auch paniert, im Gericht dann als „rantott" bezeichnet.

Und schließlich glänzt die ungarische Kulinarik ganz besonders bei Freunden des sündig-süßen Genusses: Torten, Kuchen, Mehlspeisen oder Cremedesserts – wer gerne nascht, schöpft in Ungarn aus dem Vollen.

Einige Gerichte gehören unverzichtbar zur DNA der ungarischen Küche und so manches davon hat auch längst über die Grenzen hinweg Bekanntheit erlangt, während andere Leckerbissen noch eher ein Geheimtipp sind. Legendär ist zuerst einmal das Gulasch – doch hier gibt es schon das erste häufige Missverständnis: Das, was hierzulande unter Gulasch verstanden wird, also geschmortes Fleisch aller möglichen Arten in einer Sauce mit reichlich Paprika und Zwiebel, ist eigentlich das ungarische „Pörkölt".

Gulasch – bzw. Gulyás – bezeichnet hingegen das, was in Deutschland als Gulaschsuppe gilt. Hier sind weitere Gemüsesorten und Kartoffeln enthalten, gewürzt wird unbedingt mit Kümmel, Zitronenschale und Knoblauch und auch Sauerrahm wird gerne verwendet.

Beliebt ist ebenfalls das Szegediner Gulasch, eine Variante mit Sauerkraut. Traditionellerweise werden all diese Gerichte übrigens im Kupferkessel über offenem Feuer geschmort – doch keine Sorge, auf dem heimischen Herd gelingen sie genauso.

Als Nationalgericht gelten darf auch Paprikás Csirke, Hühnchen in einer cremigen Paprikasauce, und als typische Beilage dient Nockerl. In der Plattenseeregion entstanden und längst einer der ungarischen Klassiker ist die Halászlé, eine scharfe Fischsuppe, die mit verschiedenen Sorten Fisch und – Sie ahnen es – jeder Menge Paprika zubereitet wird.

Auch Vegetarier kommen in Ungarn auf ihre Kosten: etwa mit Lecsó, also Letscho, das als eine Art ungarische Ratatouille-Variante gelten kann, auf Tomaten, Paprika und Zwiebeln basiert und sowohl als Hauptgericht als auch als Beilage verspeist wird, oder Rantott Sajt, panierte und anschließend goldbraun frittierte Käsescheiben, die als besonderer Genuss gelten.

Als heißgeliebtes Streetfood erobert seit einigen Jahren Lángos bzw. Langosch die Festivals und Jahrmärkte Deutschlands – ein Hefeteigfladen, der in seiner traditionellen Variante mit Sauerrahm, Käse und Knoblauchöl daherkommt, mittlerweile aber auch mit vielen weiteren Zutaten serviert wird.

Wer es süß mag, dem glänzen die Augen bei der berühmten Dobostorte, einem mehrschichtigen Biskuit-Schokoladenbuttercreme-Meisterwerk mit Karamellglasur, bei Somlóer Knödeln, kleinen, in Rum getränkten und mit Vanille- und Schokosauce sowie Sahne servierten Schokoküchlein oder bei der Esterházy-Torte, die ebenfalls mit Biskuitschichten, darüber hinaus heller Buttercreme, Zuckerglasur, Schokoladen und Krokant bestickt.

Tipps, Tricks & Küchenhacks

Kupferkessel und offenes Feuer finden sich in Ihrer Küche vermutlich nicht, aber auch abseits davon gibt es einiges, was Sie tun können, um Ihren Speisen den originalen Ungarn-Geschmack einzuhauchen:

1 **Sparen Sie nicht an Paprika!** Wie Sie wissen, kann man das Gemüse in sämtlichen Darreichungsformen getrost als Herzstück der ungarischen Küche bezeichnen, und so dürfen Sie ruhig großzügig damit umgehen. In den Rezepten finden Sie selbstverständlich Mengenangaben, doch natürlich können Sie auch jederzeit abschmecken – und vielleicht noch etwas zufügen.

2 Geben Sie Ihrem Gericht Zeit. Gulasch bzw. Gulaschsuppe und ähnliche Fleischgerichte brauchen ihre Köchelzeit, um wirklich das Geschmackserlebnis zu bieten, für das diese Speisen weltweit geliebt werden. Allerdings müssen Sie sich von der Zubereitungszeit nicht abschrecken lassen: Schauen Sie im Rezept genau nach, wofür die Zeit anfällt, denn wenn das Essen eine Stunde schmoren soll, müssen Sie schließlich nicht die ganze Zeit danebenstehen. Stattdessen können Sie im Handumdrehen schon einmal den Abwasch erledigen, die Spülmaschine einräumen, eine Nachspeise zubereiten oder die Zeit einfach nutzen, um sich entspannt mit Ihren Lieben zu unterhalten. Nicht nur Gulasch, sondern einige der Gerichte in diesem Buch weisen recht lange Garzeiten auf, sind aber tatsächlich fix zubereitet, kommen mit minimalem Arbeitsaufwand aus und taugen daher auch für die unkomplizierte Alltagsküche.

3 Hochwertige Zutaten verwenden. Viele Gerichte basieren auf simplen, bodenständigen Zutaten; der unnachahmliche Geschmack entsteht schließlich durch Würzung, Zubereitung und nicht zuletzt die Qualität der verwendeten Lebensmittel. Greifen Sie deshalb, wann immer möglich, zu saisonalen, regionalen, hochqualitativen Zutaten und achten Sie bei Gemüse auf Frische und Knackigkeit. Das gilt auch besonders fürs Fleisch: Um die einzigartig verlockende Gulasch-Konsistenz zu erzielen, braucht es gutes Fleisch, und nichts anderes sollte im Kochtopf landen.

4 Temperaturen beachten: Nicht nur in puncto Zeit, sondern auch, was die Hitze angeht, sollten Sie sich unbedingt genau ans Rezept halten. Insbesondere die Fleisch- und Fischgerichte stellen präzise Anforderungen an die Gartemperaturen, um schließlich tatsächlich die gewünschte Konsistenz und Zartheit zu erreichen – auch im Hinblick auf die passende Menge an Flüssigkeit. Bleiben Sie bei den Anweisungen und kontrollieren Sie zwischendurch, ob im Topf noch alles so aussieht, wie es sein soll.

Mit diesen Tipps sind Sie optimal ausgerüstet für Ihr ungarisches Küchenabenteuer. Und wie Sie beim Lesen festgestellt haben, sind die wichtigsten Punkte sehr überschaubar – und das hat genau einen Grund: Ungarisch kochen ist herrlich unkompliziert und stellt an den Koch keine großen Ansprüche.

Also binden Sie sich Ihre Schürze um, suchen Sie sich einen Leckerbissen aus, und legen Sie los – und dann heißt es schon bald:

Guten Appetit!

Frühstück

Rührei

1 Port. 20 Min. Leicht

Zutaten

2 Eier
1 Frühlingszwiebel
1 Tomate
40 g Paprika, rot
Paprikapulver, edelsüß, nach Belieben
Petersilie, frisch, nach Belieben
Pfeffer nach Belieben
Salz nach Belieben
Butter zum Braten

Nährwerte p. P.

210 kcal, 5 g kh,
15 g Fett, 14 g Eiweiß

1 Schlagen Sie die Eier in eine Schüssel und verquirlen Sie sie miteinander. Säubern Sie die Tomate, die Frühlingszwiebel sowie die Paprika und schneiden Sie alles in kleine Stücke. Die Petersilie hacken.

2 Vermischen Sie das Gemüse mit den verquirlten Eiern. Erhitzen Sie die Butter in einer Pfanne und geben Sie die Eiermischung hinein. Kurz bevor die Eimasse zu stocken beginnt, geben Sie die Petersilie sowie das Paprikapulver hinzu und würzen nach Belieben mit Pfeffer und Salz.

Túróstáska – Quarkgebäck

8 Port. 35 Min. Leicht

Zutaten

250 g Quark (Túró)
1 Ei
1 Prise Salz
2 EL Zucker
4 EL Grieß
4 EL Mehl
1 TL Backpulver

Nährwerte p. P.

115 kcal, 11 g kh,
4 g Fett, 6 g Eiweiß

1 Vermischen Sie den Quark, das Ei, die Prise Salz und den Zucker in einer Schüssel. Mischen Sie dann den Grieß, das Mehl und das Backpulver unter, bis ein glatter Teig entsteht.

2 Formen Sie den Teig auf einer bemehlten Arbeitsfläche zu einer Rolle und schneiden Sie diese in kleine Stücke. Formen Sie die Stücke zu flachen, rechteckigen Täschchen und legen Sie diese auf ein mit Backpapier ausgelegtes Backblech.

3 Backen Sie die Túróstáska im vorgeheizten Backofen bei 180 °C Ober-/Unterhitze 20-25 Minuten, bis sie goldbraun sind.

Tipp: Möchten Sie es noch süßer haben, bestäuben Sie das Gebäck mit Puderzucker.

Lángos – Belegtes Fladenbrot

6 Port. 80 Min. Leicht

Zutaten

Vorteig:

5 EL Milch, lauwarm
15 g Hefe

Hauptteig:

400 g Mehl
250 ml Milch, lauwarm
½ TL Salz
Öl zum Braten

Belag:

200 g geriebener Käse
200 g saure Sahne
200 g Schmand
2 Knoblauchzehen
Salz & Pfeffer

Nährwerte p. P.

515 kcal, 43 g kh,
28 g Fett, 18 g Eiweiß

1 Für den Belag geben Sie saure Sahne und Schmand in eine Schüssel. Hacken Sie den Knoblauch fein oder drücken Sie ihn durch eine Presse und fügen Sie ihn hinzu. Verrühren Sie alles gut, schmecken Sie es mit Salz und Pfeffer ab und lassen Sie die Mischung mindestens 1 Stunde ziehen.

2 Gießen Sie die Milch für den Vorteig in eine Schüssel und lösen Sie die Hefe darin auf.

3 Sieben Sie das Mehl in eine Schüssel, bilden Sie mittig eine Vertiefung und geben Sie die Hefemilch in diese. Vermischen Sie etwas Mehl von den Rändern damit, decken Sie die Schüssel ab und stellen Sie sie für 20 Minuten an einen warmen Ort.

4 Nach der Ruhezeit streuen Sie das Salz darüber und fügen nach und nach die Milch bei. Verkneten Sie alles zu einem glatten Teig. Stäuben Sie etwas Mehl darüber, decken Sie die Schüssel ab und stellen Sie sie abermals für 30 Minuten an einen warmen Ort.

5 Teilen Sie den Teig in mehrere kleine Stücke. Formen Sie diese zu Kugeln und drücken Sie sie zu Fladen flach. Diese sollten etwa 2 Zentimeter dick sein. Schneiden Sie die Teiglinge mit einem Messer mehrmals ein.

6 Erhitzen Sie etwas Öl in einer Pfanne und backen Sie die Lángos von beiden Seiten hellbraun aus. Bestreichen Sie sie mit der Creme und streuen Sie den Käse darüber.

Bundáskenyér – Eiertoast

4 Port. 15 Min. Leicht

Zutaten

- 4 Scheiben Toastbrot
- 4 Eier
- 3 EL Sonnenblumenöl
- 2 Knoblauchzehen, halbiert
- Salz nach Belieben

Nährwerte p. P.

259 kcal, 18 g kh,
15 g Fett, 12 g Eiweiß

1 Schlagen Sie die Eier in eine größere Schüssel und verquirlen Sie sie miteinander. Schneiden Sie die Brote zur Hälfte durch und legen Sie sie in die Eiermasse.

2 Erhitzen Sie das Sonnenblumenöl in einer Pfanne und braten Sie die Brotscheiben von beiden Seiten goldbraun aus. Anschließend reiben Sie sie beidseitig mit dem Knoblauch ein und streuen nach Belieben etwas Salz darüber.

Tepertőkrém – Grieben

3 Port. 15 Min. Leicht

Zutaten

- 200 g Grieben
- 1 EL Senf
- 3 EL saure Sahne
- 2 Eier
- 1 Zwiebel
- Pfeffer, schwarz, nach Belieben
- Salz nach Belieben
- etwas Kresse zum Bestreuen
- Brotscheiben

Nährwerte p. P.

438 kcal, 3 g kh,
40 g Fett, 15 g Eiweiß

1 Geben Sie die Grieben in eine Schüssel und pürieren Sie sie mit einem Pürierstab. Sie müssen nicht fein püriert werden, es können kleinere Stückchen darin verbleiben.

2 Pellen Sie die Zwiebel und hacken Sie eine Hälfte in feine Stücke. Vermischen Sie sie mit den Grieben und rühren Sie den Senf dazu. Die zweite Hälfte schneiden Sie in Ringe.

3 Kochen Sie die Eier hart. Pellen Sie sie und schneiden Sie sie in kleine Stücke. Vermengen Sie die Eier in der Griebenmischung und würzen Sie sie nach Belieben mit Pfeffer sowie Salz.

4 Nun verrühren Sie die saure Sahne darin, bis die Mischung eine cremige Konsistenz annimmt.

5 Zum Servieren verteilen Sie die Creme auf Brotscheiben und belegen sie mit den Zwiebelringen. Zum Dekorieren streuen Sie die Kresse darüber.

Tócsni Pörkölt – Kartoffelpuffer in Ragout

4 Port. 60 Min. Leicht

Zutaten

Für das Pörkölt:

500 g Schweinefleisch oder Rindfleisch, gewürfelt
1 große Zwiebel
2 Knoblauchzehen
1 rote Paprika
1 Tomate
1 EL Paprikapulver (ungarisch, edelsüß)
1 TL Tomatenmark
Salz und Pfeffer
2 EL Öl oder Schmalz
200 ml Wasser

Für die Tócsni:

600 g Kartoffeln
1 Ei
2 EL Mehl
2 Knoblauchzehen
Salz und Pfeffer
Öl zum Braten

Zum Servieren:

frische Tomatenhälften
gehackte Petersilie

1 Schälen Sie die Zwiebel und schneiden Sie sie fein. Hacken Sie den Knoblauch. Schneiden Sie Paprika und Tomate in kleine Stücke. Erhitzen Sie Öl oder Schmalz in einem Topf und braten Sie die Zwiebeln glasig. Geben Sie das Fleisch hinzu und braten Sie es kräftig an, bis es Farbe bekommt.

2 Rühren Sie Paprikapulver und Tomatenmark ein und geben Sie sofort etwas Wasser hinzu, damit das Paprikapulver nicht verbrennt. Fügen Sie Paprika, Tomaten, Knoblauch, Salz und Pfeffer hinzu. Gießen Sie etwa 200 ml Wasser an und lassen Sie das Pörkölt 35-45 Minuten bei mittlerer Hitze schmoren, bis das Fleisch zart ist.

3 Schälen Sie die Kartoffeln und reiben Sie sie grob. Drücken Sie überschüssiges Wasser leicht aus. Geben Sie Ei, Mehl, gepressten Knoblauch, Salz und Pfeffer hinzu und vermengen Sie alles zu einer formbaren Masse.

4 Erhitzen Sie Öl in einer Pfanne und geben Sie jeweils eine Portion Kartoffelmasse hinein. Drücken Sie sie flach und braten Sie die Puffer von beiden Seiten goldbraun und knusprig.

5 Legen Sie zwei bis drei Kartoffelpuffer auf einen Teller und geben Sie eine Portion Pörkölt darüber. Garnieren Sie mit frischen Tomaten und etwas gehackter Petersilie.

Nährwerte p. P.

650 kcal, 60 g kh, 32 g Fett, 32 g Eiweiß

Paraszt Reggeli – Bauernfrühstück

4 Port. 35 Min. Leicht

Zutaten

- 400 g Kartoffeln (gekocht oder roh, gerieben)
- 150 g Räucherspeck oder Bacon
- 150 g ungarische Wurst (z. B. Kolbász)
- 100 g Brimsen, Feta oder anderer salziger Frischkäse
- 4 Eier
- 1 kleine Zwiebel
- Salz und Pfeffer
- 2 EL Öl oder Schmalz

Nährwerte p. P.

520 kcal, 28 g kh,
33 g Fett, 26 g Eiweiß

1 Schälen Sie die Zwiebel und schneiden Sie sie in feine Würfel. Schneiden Sie den Speck und die ungarische Wurst in Streifen. Erhitzen Sie Öl oder Schmalz in einer Pfanne und braten Sie Speck, Wurst und Zwiebeln an, bis alles gut gebräunt ist.

2 Wenn Sie rohe Kartoffeln verwenden, reiben Sie diese grob. Wenn Sie gekochte Kartoffeln verwenden, schneiden Sie sie in kleine Stücke. Geben Sie die Kartoffeln in die Pfanne und braten Sie sie 5-7 Minuten mit, bis sie etwas Farbe angenommen haben. Würzen Sie mit Salz und Pfeffer.

3 Zerbröseln Sie den Brimsen oder Feta und streuen Sie ihn über die Kartoffelmischung. Vermischen Sie alles kurz.

4 Erhitzen Sie etwas Öl in einer zweiten Pfanne und braten Sie vier Spiegeleier. Das Eigelb sollte weich bleiben.

5 Verteilen Sie das Bauernfrühstück auf vier Teller und setzen Sie jeweils ein Spiegelei obenauf.

Pogácsa – Käse-Brötchen

4 Port. 60 Min. Leicht

Zutaten

- 300 g Mehl
- 150 g kalte Butter
- 120 g Sauerrahm
- 1 Ei
- 1 TL Salz
- 1 Päckchen Trockenhefe
- 50 ml lauwarme Milch
- 120 g geriebener Käse (z. B. Emmentaler oder alter Hartkäse)
- 1 Ei zum Bestreichen
- optional: Kümmel, weiterer Käse zum Bestreuen

Nährwerte p. P.

390 kcal, 45 g kh,
18 g Fett, 12 g Eiweiß

1 Hefe in der Milch glattrühren und 5 Minuten stehen lassen. Mehl in eine Schüssel geben und Butter in kleinen Stücken hineingeben. Mehl und Butter krümelig verreiben.

2 Salz, Sauerrahm, Ei und Hefemilch zufügen und alles zu einem glatten Teig verkneten. Teig abdecken und 30 Minuten an einem warmen Ort ruhen lassen.

3 Arbeitsfläche mit Mehl bestäuben und Teig etwa 1,5 cm dick ausrollen. Mit Käse bestreuen und Teig zweimal übereinanderfalten. Teig erneut ausrollen und Falten ein zweites Mal wiederholen.

4 Aus dem Teig runde Pogácsa ausstechen und Oberflächen leicht einritzen. Teiglinge auf ein Backblech legen.

5 Ei verquirlen, Pogácsa damit bestreichen und nach Wunsch mit Kümmel oder Käse bestreuen.

6 Brötchen bei 200 °C Ober-/Unterhitze 15-18 Minuten backen, bis sie goldbraun und luftig sind.

Brote & Aufstriche

Krumplis Kenyer – Kartoffelbrot

1 Port. 150 Min. Mittel

Zutaten

Vorteig:

100 ml Wasser, lauwarm

50 g Mehl

1 Würfel Hefe, alternativ 2 Pck. Trockenhefe

Hauptteig:

550 ml Wasser

200 g Kartoffeln, mehligkochend

1 kg Mehl

2 TL Zucker

2 EL Salz

Nährwerte p. P.

165 kcal, 34 g kh, 1 g Fett, 5 g Eiweiß

1 Für den Vorteig Wasser in eine Schüssel gießen und Hefe darin auflösen. Mehl darin vermischen und Schüssel an einen warmen Ort stellen. Wenn sich das Volumen des Vorteiges verdoppelt hat, können Sie ihn weiterverarbeiten.

2 Kartoffeln als Pellkartoffeln kochen, nach kurzem Abkühlen pellen und zu einem Brei zerstampfen. Wasser in eine Schüssel füllen und Zucker sowie Salz darin verrühren.

3 Kartoffelpüree mit Mehl, Wassergemisch sowie Vorteig in eine Schüssel geben und alles zu einem geschmeidigen Teig verkneten. Teig für 1 Stunde zum Ruhen beiseitestellen.

4 Aus dem Teig einen runden Laib formen. Backofen auf 220 °C Umluft vorheizen. Auf den Boden des Backofens eine ofenfeste Schüssel mit Wasser stellen. Brotlaib auf ein mit Backpapier ausgelegtes Blech legen und auf der mittleren Schiene für etwa 60 Minuten backen. Mit einem Holzstäbchen prüfen, ob das Brot durchgegart ist.

Fehér kenyér – Weißbrot

4 Port. 120 Min. Leicht

Zutaten

500 g Mehl
250 ml Wasser, lauwarm
1 TL Zucker
1 Hefewürfel
2 TL Salz

Nährwerte p. P.

415 kcal, 85 g kh,
1 g Fett, 12 g Eiweiß

1 Geben Sie alle Zutaten in eine Schüssel und verkneten Sie sie zu einem homogenen Teig. Stellen Sie die Schüssel für 40 Minuten an einen warmen Ort.

2 Anschließend kneten Sie den Teig noch einmal durch und stellen ihn für weitere 20 Minuten zum Ruhen beiseite.

3 Heizen Sie den Backofen auf 200 °C Umluft vor. Stellen Sie auf den Boden des Backofens eine ofenfeste Schüssel mit Wasser.

4 Formen Sie den Teig zu einem Laib und legen Sie diesen auf ein mit Backpapier ausgelegtes Blech. Schneiden Sie die Oberfläche mehrfach ein und bepinseln Sie sie mit Wasser.

5 Backen Sie das Brot auf der mittleren Schiene für etwa 30 bis 40 Minuten. Anschließend nehmen Sie es heraus und bepinseln die Oberfläche erneut mit Wasser, damit diese später glänzt.

Kukoricás Kenyér – Maisbrot

12 Port. 60 Min. Leicht

Zutaten

- 300 g Maismehl
- 200 g Weizenmehl (Typ 550)
- 1 Päckchen Backpulver
- 1 TL Salz
- 2 EL Zucker
- 2 Eier
- 400 ml Buttermilch oder Milch
- 50 ml Pflanzenöl

Nährwerte p. P.

105 kcal, 20 g kh,
2 g Fett, 3 g Eiweiß

1 Heizen Sie den Backofen auf 200 °C Ober-/Unterhitze vor. Mischen Sie Maismehl, Weizenmehl, Backpulver, Salz und Zucker in einer großen Schüssel.

2 Verquirlen Sie die Eier mit der Buttermilch und dem Öl. Gießen Sie die Flüssigkeit zur Mehlmischung und verrühren Sie den Teig nur so lange, bis alles gleichmäßig vermischt ist. Der Teig bleibt etwas dickflüssig – das ist typisch für Maisbrot.

3 Fetten Sie eine Kastenform leicht ein oder legen Sie sie mit Backpapier aus. Füllen Sie den Teig hinein und glätten Sie die Oberfläche.

4 Backen Sie das Maisbrot etwa 40-45 Minuten, bis die Oberfläche goldbraun ist und ein hineingesteckter Zahnstocher sauber herauskommt. Lassen Sie das Brot 10 Minuten in der Form ruhen, stürzen Sie es dann und lassen Sie es vollständig auskühlen.

Teljes Kiőrlésű – Vollkornbrot

12 Port. 120 Min. Leicht

Zutaten

- 400 g Vollkornweizen-mehl
- 100 g Weizenmehl (Typ 550)
- 1 Päckchen Trockenhefe oder 20 g frische Hefe
- 350-380 ml lauwarmes Wasser
- 2 TL Salz
- 1 TL Zucker
- etwas Mehl zum Formen

Nährwerte p. P.

96 kcal, 18 g kh,
1 g Fett, 4 g Eiweiß

1 Vollkorn- und Weizenmehl in eine große Schüssel geben. Hefe und Zucker im Wasser auflösen und Mischung 5 Minuten stehen lassen. Flüssigkeit zum Mehl gießen und Salz zufügen. Teig 8-10 Minuten kneten, er wird etwas dichter und feuchter als Weißbrotteig.

2 Schüssel abdecken und Teig 60-90 Minuten an einem warmen Ort gehen lassen, bis er deutlich aufgegangen ist.

3 Mehl auf die Arbeitsfläche streuen, Teig auflegen, zu einem länglichen oder runden Laib formen, diesen auf ein bemehltes Backpapier legen und Oberfläche leicht einschneiden.

4 Backofen auf 220 °C Ober-/Unterhitze vorheizen und ein hitzefestes Gefäß mit Wasser in den Ofen stellen, um Dampf zu erzeugen.

5 Vollkornbrot 15 Minuten backen, Temperatur auf 190 °C reduzieren und weitere 25-30 Minuten backen, bis die Kruste dunkel und das Brot innen gar ist.

Parasztkenyér – Bauernbrot

12 Port. 120 Min. Leicht

Zutaten

500 g Weizenmehl (Typ 550 oder Brotmehl)
350 ml lauwarmes Wasser
1 Päckchen Trockenhefe oder 20 g frische Hefe
1,5 TL Salz
1 TL Zucker
optional: 1 EL Olivenöl für mehr Elastizität
etwas Mehl zum Formen

Nährwerte p. P.

88 kcal, 18 g kh,
0 g Fett, 3 g Eiweiß

1 Mehl in eine Schüssel geben. Hefe und Zucker im Wasser auflösen und Mischung 5 Minuten stehen lassen. Hefeflüssigkeit zum Mehl geben, Salz zufügen und alles 8-10 Minuten zu einem glatten Teig verkneten. Optional 1 EL Olivenöl einarbeiten. Schüssel abdecken und Teig 60-90 Minuten an einem warmen Ort gehen lassen, bis er sich deutlich vergrößert hat.

2 Arbeitsfläche mit Mehl bestäuben und Teig darauf zu einem runden Laib formen, indem Sie die Ränder immer wieder nach innen ziehen und die Oberfläche straff spannen. Laib auf ein bemehltes Backpapier legen.

3 Backofen auf 230 °C Ober-/Unterhitze vorheizen. Ein hitzefestes Gefäß mit Wasser auf den Boden des Ofens stellen, damit Dampf entsteht. Oberfläche des Brotes einschneiden.

4 Bauernbrot 15 Minuten backen, Temperatur auf 200 °C reduzieren und Brot weitere 20-25 Minuten backen, bis die Kruste dunkel und knusprig ist.

Rozskenyér – Roggenbrot

12 Port. 120 Min. Leicht

Zutaten

- 350 g Roggenmehl
- 150 g Weizenmehl (Typ 550)
- 1 Päckchen Trockenhefe oder 20 g frische Hefe
- 350 ml lauwarmes Wasser
- 2 TL Salz
- 1 TL Zucker
- etwas Mehl zum Formen

Nährwerte p. P.

92 kcal, 19 g kh,
0 g Fett, 3 g Eiweiß

1 Geben Sie Roggen- und Weizenmehl in eine Schüssel. Lösen Sie Hefe und Zucker im Wasser auf und lassen Sie die Mischung 5 Minuten stehen. Gießen Sie die Hefeflüssigkeit zum Mehl und geben Sie das Salz dazu. Kneten Sie den Teig kräftig. Da Roggenteig klebriger ist, wird er kompakter und weniger elastisch als Weizenteig – das ist normal. Decken Sie die Schüssel ab und lassen Sie den Teig 60-90 Minuten an einem warmen Ort gehen.

2 Bestreuen Sie die Arbeitsfläche mit Mehl und formen Sie den Teig zu einem runden Laib. Legen Sie ihn auf ein bemehltes Backpapier. Sie können den Laib leicht einschneiden.

3 Heizen Sie den Ofen auf 230 °C Ober-/Unterhitze vor. Stellen Sie ein Gefäß mit Wasser auf den Boden des Ofens. Backen Sie das Roggenbrot 15 Minuten, reduzieren Sie die Temperatur auf 200 °C und backen Sie es weitere 25-30 Minuten, bis es eine dunkle, kräftige Kruste hat.

Lepény – Fladenbrot

6 Port. 70 Min. Leicht

Zutaten

- 350 g Weizenmehl (Typ 550)
- 200 ml lauwarmes Wasser
- 1 Päckchen Trockenhefe oder 15 g frische Hefe
- 1 TL Salz
- 1 TL Zucker
- 2 EL Olivenöl

Nährwerte p. P.

165 kcal, 30 g kh,
3 g Fett, 4 g Eiweiß

1 Geben Sie das Mehl in eine große Schüssel. Lösen Sie Zucker und Hefe im lauwarmen Wasser auf und lassen Sie die Mischung 5 Minuten stehen. Gießen Sie die Flüssigkeit zum Mehl, fügen Sie Salz und Olivenöl hinzu und kneten Sie alles zu einem geschmeidigen Teig.

2 Decken Sie den Teig ab und lassen Sie ihn 45 Minuten an einem warmen Ort gehen, bis er sich deutlich vergrößert hat.

3 Bestäuben Sie die Arbeitsfläche leicht mit Mehl und teilen Sie den Teig in 6 gleich große Stücke. Formen Sie jedes Stück zu einer Kugel und drücken bzw. rollen Sie diese flach zu runden Fladen (ca. 15-18 cm Durchmesser).

4 Erhitzen Sie eine beschichtete Pfanne ohne Öl oder nur mit einem Hauch davon. Backen Sie die Fladen nacheinander 1-2 Minuten pro Seite, bis sie goldbraune Stellen bekommen und leicht aufgehen.

Cigánykenyér – Zigeunerbrot

4 Port. 70 Min. Leicht

Zutaten

1 kg Mehl	
100 ml Wasser, lauwarm	
1 Hefewürfel, alternativ 1 Pck. Backpulver oder Natron	
1½ EL Salz	

Nährwerte p. P.

235 kcal, 46 g kh, 1 g Fett, 7 g Eiweiß

1 Gießen Sie das Wasser in eine Schüssel und lösen Sie die Hefe darin auf.

2 Fügen Sie das Mehl sowie das Salz hinzu und verkneten Sie die Zutaten zu einem geschmeidigen Teig. Stellen Sie die Schüssel für 30 Minuten an einen warmen Ort.

3 Heizen Sie den Backofen auf 200 °C Umluft vor. Legen Sie den Teig locker in eine Backform und backen Sie das Brot für etwa 30 Minuten auf der mittleren Schiene.

4 Alternative: Dünnes Zigeunerbrot wird mit den gleichen Zutaten zu einem Teig verarbeitet und für 10 Minuten zum Ruhen beiseitegestellt. Anschließend rollen Sie den Teig auf die gewünschte Stärke aus, legen ihn auf ein mit Backpapier belegtes Blech und backen das Brot bei 190 °C Umluft für etwa 30 Minuten. Diese Variante wird Bodak oder Vakaró genannt.

Eier-Aufstrich

4 Port. 15 Min. Leicht

Zutaten

3 Eier
½ Zwiebel
½ Paprika, gelb
2 Knoblauchzehen
70 g Frischkäse
½ TL Paprikapulver, edelsüß
Pfeffer nach Belieben
Salz nach Belieben
etwas Schnittlauch zum Garnieren

Nährwerte p. P.

115 kcal, 3 g kh,
8 g Fett, 8 g Eiweiß

1 Kochen Sie die Eier hart, pellen Sie sie und schneiden Sie sie in kleine Stücke. Säubern Sie die Paprika und schneiden Sie sie klein. Pellen Sie die Zwiebel und hacken Sie sie klein. Pellen Sie den Knoblauch und pressen Sie ihn in ein Schälchen.

2 Geben Sie den Frischkäse in eine Schüssel und vermischen Sie die Eier, die Paprika und die Zwiebel darin. Würzen Sie mit dem Paprikapulver und schmecken Sie den Aufstrich mit dem Knoblauch, dem Pfeffer sowie dem Salz ab.

3 Schneiden Sie den Schnittlauch in kleine Röllchen und streuen Sie ihn über den Aufstrich.

Körözött – Fetakäse-Dip

4 Port. 15 Min. Leicht

Zutaten

150 g Feta
150 g Butter
1 Knoblauchzehe
1 Zwiebel
1 EL Bier, hell
1 TL Senf
1 TL Paprikapulver, edelsüß
½ TL Kümmel

Nährwerte p. P.

250 kcal, 2 g kh,
23 g Fett, 7 g Eiweiß

1 Geben Sie den Feta in eine Schüssel und zerdrücken Sie ihn mit einer Gabel. Pellen Sie die Zwiebel und den Knoblauch. Pressen Sie den Knoblauch zum Fetakäse, hacken Sie die Zwiebel klein und vermischen Sie sie ebenfalls mit dem Feta. Zerstoßen Sie den Kümmel, geben Sie ihn gemeinsam mit allen anderen Zutaten zu dem Feta-Gemisch und vermengen Sie alles gründlich.

2 Stellen Sie den Dip für einige Stunden abgedeckt in den Kühlschrank.

Liptauer – Quarkaufstrich

4 Port. 20 Min. Leicht

Zutaten

- 300 g Quark
- 100 g Butter, weich
- 3 Sardellen
- 3 Gewürzgurken
- 1 Knoblauchzehe
- 1 Zwiebel
- ½ Bund Schnittlauch
- 2 TL Kapern
- 1 TL Paprikapulver, rosenscharf
- 1 TL Kümmel
- Pfeffer nach Belieben
- Salz nach Belieben

Nährwerte p. P.

280 kcal, 5 g kh,
25 g Fett, 10 g Eiweiß

1 Pellen Sie die Zwiebel sowie den Knoblauch und hacken Sie beides klein. Spülen Sie den Schnittlauch ab und schneiden Sie ihn in Röllchen. Schneiden Sie die Sardellen und die Gewürzgurken in kleine Würfel. Geben Sie die Kapern zum Abtropfen in ein Sieb.

2 Vermischen Sie den Quark mit der Butter. Heben Sie die Zwiebeln, den Knoblauch sowie die halbe Menge des Schnittlauchs unter. Vermischen Sie zusätzlich die Sardellen, die Gewürzgurken sowie die Kapern darin. Würzen Sie den Aufstrich mit dem Paprikapulver, dem Kümmel, dem Pfeffer und dem Salz.

3 Zum Servieren streuen Sie den übrigen Schnittlauch darüber.

Gewürzbutter

4 Port. 15 Min. Leicht

Zutaten

4 TL Butter, weich
4 Knoblauchzehen
½ Bio-Zitrone, die abgeriebene Schale davon
5 Zweige Thymian
1 TL Kümmel

Nährwerte p. P.

100 kcal, 2 g kh,
9 g Fett, 1 g Eiweiß

1 Pellen Sie den Knoblauch und hacken Sie ihn klein. Spülen Sie den Thymian ab und hacken Sie ihn ebenfalls klein. Vermischen Sie die Butter mit dem Knoblauch, der Zitronenschale, dem Thymian sowie dem Kümmel. Geben Sie die Gewürzbutter zum Servieren in eine Schüssel.

Házi sajt – Hausgemachter Käse

4 Port. 30 Min. Leicht

Zutaten

1 l Milch
500 g Quark
100 g Butter
1 TL Natron (alternativ
3 Bullrichsalz-Tabletten)
1 Ei

Nach Belieben zusätzlich:

verschiedene Kräuter
Knoblauch
Schnittlauch
Kümmel

Nährwerte p. P.

250 kcal, 6 g kh,
21 g Fett, 12 g Eiweiß

1 Gießen Sie die Milch in einen Topf und vermischen Sie den Quark darin. Kochen Sie die Zutaten auf und geben Sie sie anschließend durch ein feines Sieb.

2 Geben Sie den Inhalt des Siebes in einen Topf und verrühren Sie die Butter, das Ei sowie das Natron darin. Vermischen Sie nun nach Belieben zusätzliche Zutaten darinund kochen Sie alles auf. Reduzieren Sie die Temperatur auf die niedrigste Stufe und lassen Sie alles unter ständigem Rühren für etwa 10 Minuten köcheln.

3 Füllen Sie die Masse in eine Kastenform und stellen Sie sie zum Abkühlen beiseite. Je länger die Mischung steht, desto härter wird der zukünftige Käse.

Feta-Paprika-Creme

4 Port. 15 Min. Leicht

Zutaten

100 g Feta, weich	
2 Paprika, rot	
1 Chilischote, rot	
½ Bund Petersilie	
1 Zwiebel	
2 Knoblauchzehen	
3 EL saure Sahne	
Pfeffer nach Belieben	
Salz nach Belieben	

Nährwerte p. P.

130 kcal, 7 g kh,
9 g Fett, 5 g Eiweiß

1 Säubern Sie die Paprika und schneiden Sie sie in kleine Würfel. Säubern Sie die Chilischote und schneiden Sie sie in Ringe. Pellen Sie die Zwiebel und hacken Sie sie klein. Pellen Sie den Knoblauch und pressen Sie ihn in ein Schälchen. Spülen Sie die Petersilie ab und hacken Sie die Blätter klein. Einige legen Sie zum Garnieren beiseite.

2 Geben Sie den Feta in eine Schüssel und verrühren Sie ihn mit der sauren Sahne. Vermischen Sie die Paprika und die Zwiebeln darin. Heben Sie die gehackte Petersilie unter und schmecken Sie die Creme mit dem gepressten Knoblauch, dem Pfeffer sowie dem Salz ab.

3 Zum Servieren geben Sie die übrigen Petersilienblätter auf den Aufstrich.

Salate & Dressings

Käsesalat

4 Port. 20 Min. Leicht

Zutaten

300 g Feta
1 Zwiebel
1 Paprika, rot
1 Paprika, gelb
½ Gurke

Dressing:

3 EL Olivenöl
1 EL Weißweinessig
1 TL Paprikapulver, edelsüß
1 Knoblauchzehe
Salz & schwarzer Pfeffer

Nährwerte p. P.

210 kcal, 9 g kh,
16 g Fett, 7 g Eiweiß

1 Bereiten Sie zunächst das Dressing vor. Pellen Sie den Knoblauch und pressen Sie ihn in eine Schüssel. Vermischen Sie das Olivenöl, den Essig, das Paprikapulver sowie nach Belieben Pfeffer und Salz miteinander. Stellen Sie das Dressing zur weiteren Verwendung beiseite.

2 Säubern Sie die Paprika und schneiden Sie sie in kleine Stücke. Pellen Sie die Zwiebel und schneiden Sie sie in feine Würfel. Vermischen Sie beides in einer Schüssel.

3 Schneiden Sie den Käse sowie die Gurke in kleine Würfel und vermischen Sie beides mit den Zutaten in der Schüssel.

4 Gießen Sie die Marinade über den Salat und stellen Sie ihn bis zum Verzehr in den Kühlschrank.

Nudelsalat

4 Port. 20 Min. Leicht

Zutaten

250 g Farfalle
150 g Feta
120 g Paprikasalami
80 g Oliven, schwarz, ohne Stein
2 Knoblauchzehen
1 Zwiebel
1 Chilischote, rot
2 Paprika, rot + gelb

Dressing:

6 EL Öl
4 EL Rotweinessig
1 EL Honig
1 TL Oregano
1 TL Paprikapulver, edelsüß
Salz & Pfeffer

1 Nudeln nach Packungsanleitung al dente garen, abgießen und in einem Sieb abtropfen lassen. Währenddessen Chilischote säubern und klein schneiden. Oliven halbieren, Salami würfeln und Feta in eine Schüssel bröseln. Zwiebel pellen und in dünne Ringe schneiden. Knoblauch pellen und klein hacken. Paprika säubern und in dünne Streifen schneiden.

2 Nudeln in eine Salatschüssel geben und die zerkleinerten Zutaten darin vermischen.

3 Öl in eine Schüssel füllen und Essig darin verrühren. Honig, Oregano sowie Paprikapulver beifügen. Dressing nach Belieben mit Pfeffer und Salz würzen.

4 Dressing über den Salat gießen und alles sorgfältig vermischen. Salat über mehrere Stunden zum Ziehen beiseitestellen.

Nährwerte p. P.

420 kcal, 45 g kh, 25 g Fett, 12 g Eiweiß

Gemischter Salat

2 Port. 15 Min. Leicht

Zutaten

- 100 g Cornichons
- 75 g saure Sahne
- 400 g Pflücksalat
- 1 Zwiebel, rot
- 3 EL Sud von den Cornichons
- 1 EL Dillspitzen, TK
- 1 TL Weißweinessig
- ½ TL Paprikapulver, edelsüß
- Pfeffer nach Belieben
- Salz nach Belieben

Nährwerte p. P.

130 kcal, 12 g kh,
7 g Fett, 3 g Eiweiß

1 Pellen Sie die Zwiebel und schneiden Sie sie in Ringe. Die Cornichons schneiden Sie in Scheiben oder lassen sie ganz. Säubern Sie den Pflücksalat.

2 Geben Sie die vorbereiteten Zutaten in eine Schüssel und vermischen Sie sie miteinander.

3 Die saure Sahne verrühren Sie mit dem Paprikapulver, dem Sud der Cornichons, dem Weißweinessig, dem Pfeffer und dem Salz.

4 Heben Sie die Dillspitzen unter und vermischen Sie alles mit dem Salat.

Pusztasalat

12 Port. 60 Min. Leicht

Zutaten

500 g Gewürzgurken
500 g Karotten
500 g Zwiebeln
500 g Knollensellerie
100 g Tomaten
2 Paprika, gelb
2 Paprika, orange
2 Paprika, rot

Sud:

700 ml Essig
1 l Wasser
250 g Zucker
2 Lorbeerblätter
3 Nelken
10 Pfefferkörner
2 TL Salz

1 Zunächst einige Einmachgläser durch Abkochen sterilisieren. Sellerie und Karotten schälen und grob in eine Schüssel reiben. Zwiebeln pellen und dazureiben. Gurken von Enden befreien und in dünne Streifen schneiden. Paprika und Tomaten säubern und in Stücke schneiden.

2 Wasser in einen Topf gießen und Essig darin verrühren. Zucker, Salz, Pfefferkörner, Nelken und Lorbeerblätter beifügen und Flüssigkeit aufkochen. Vorbereitetes Gemüse dazugeben und ca. 5 Minuten kochen lassen.

3 Eine ofenfeste Form daumenhoch mit Wasser befüllen. Ofen auf 100 °C Umluft vorheizen. Gemüse auf die Gläser verteilen, diese verschließen, in die mit Wasser gefüllte Form stellen und diese auf die unterste Schiene des Ofens stellen. Salat 40 Minuten mit leicht geöffneter Tür einkochen.

Nährwerte p. P.

45 kcal, 11 g kh, 0 g Fett, 1 g Eiweiß

Kichererbsen-Salat mit Röstpaprika

4 Port. 60 Min. Leicht

Zutaten

400 g Kichererbsen
300 g Houdek Kabanos Klassik (Cabanossi)
3 Paprika, rot
1 Bund Petersilie
2 Knoblauchzehen
2 Zwiebeln, rot
12 EL Olivenöl
7 EL Balsamico-Essig, dunkel
2 EL Ahornsirup
1 TL Paprikapulver, edelsüß
½ TL Koriander, gemahlen
½ TL Kreuzkümmel
Salz nach Belieben
Pfeffer nach Belieben

Nährwerte p. P.

350 kcal, 27 g kh,
22 g Fett, 14 g Eiweiß

1 Backofen auf 200 °C Grillfunktion vorheizen. Kichererbsen zum Abtropfen in ein Sieb und anschließend in eine Salatschüssel geben.

2 Paprika säubern, vierteln und noch einmal halbieren. Ein Blech mit Backpapier belegen und Paprikastücke darauf verteilen. 3 EL Öl darüberträufeln und mit Pfeffer und Salz würzen. Blech auf die obere Schiene des Ofens schieben und Paprika etwa 10 Minuten rösten. Nach dem Abkühlen Paprika zu den Kichererbsen geben.

3 Zwiebeln pellen, in Scheiben schneiden und in 1 EL Öl in einem Topf andünsten. Wenn die Zwiebeln weich und glasig sind, Ahornsirup darin vermischen. Temperatur erhöhen und Zwiebeln kurz karamellisieren lassen, dabei nicht umrühren. Mit 2 EL Essig ablöschen und Flüssigkeit einköcheln lassen. Zwiebeln mit Pfeffer und Salz würzen und nach dem Abkühlen zu den Kichererbsen geben.

4 1 Knoblauchzehe pellen und in eine Schüssel pressen. Nach Belieben Pfeffer und Salz darin vermischen und Paprikapulver, Kreuzkümmel und Koriander beifügen. 5 EL Essig und 7 EL Öl unterheben. Alle Zutaten zu einem Dressing verrühren und über die Kichererbsen-Mischung geben.

5 Houdek Kabanos in schräge Scheiben schneiden. 1 EL Öl in einer Pfanne erhitzen und Wurstscheiben darin anbraten. Übrige Knoblauchzehe pellen und in die Pfanne pressen. Nach kurzem Braten Pfanne von der Kochstelle nehmen.

6 Kichererbsensalat auf Tellern anrichten und Wurstscheiben darauf verteilen. Petersilie abspülen, Blätter entfernen und diese grob hacken. Petersilie als Dekoration über den Salat geben.

Ecetes Hagymasaláta – Zwiebelsalat

2 Port. 20 Min. Leicht

Zutaten

6 Zwiebeln
2 Knoblauchzehen
2 EL Essig
2 EL Zucker
1 TL Salz
Wasser zum Kochen

Nährwerte p. P.

90 kcal, 19 g kh,
0 g Fett, 2 g Eiweiß

1 Pellen Sie die Zwiebeln und schneiden Sie sie in dünne Ringe. Geben Sie sie in einen Topf und bedecken Sie sie gerade so mit Wasser. Vermischen Sie den Zucker sowie das Salz und lassen Sie die Zwiebeln bei mittlerer Temperatur köcheln, bis sie glasig und weich geworden sind.

2 Pellen Sie den Knoblauch und pressen Sie ihn nach dem Garen in den Topf. Stellen Sie den Topf über Nacht an einen kühlen Ort. Vor dem Servieren schmecken Sie die Zwiebeln mit Essig ab.

Uborkasaláta – Gurkensalat

2 Port. 40 Min. Leicht

Zutaten

1 Gurke
1 Zwiebel
2 Knoblauchzehen
175 ml Wasser
75 ml Salatessig, 5-prozentig
1 EL Salz
4 EL Zucker
1 Prise Chilipulver
1 Prise Estragon, gerebelt
1 Prise Dillspitzen

Nährwerte p. P.

80 kcal, 15 g kh,
1 g Fett, 1 g Eiweiß

1 Pellen Sie die Zwiebel und schneiden Sie sie in dünne Scheiben. Pellen Sie den Knoblauch und hacken Sie ihn klein. Schälen Sie die Gurke und schneiden Sie sie in Scheiben. Vermischen Sie das Salz darin und stellen Sie die Gurkenscheiben für 30 Minuten beiseite. Anschließend pressen Sie die Flüssigkeit (nicht komplett) heraus.

2 Verrühren Sie den Essig mit dem Wasser und fügen Sie den Zucker bei. Vermischen Sie die Gurkenscheiben mit den Zwiebeln sowie dem Knoblauch und heben Sie das Dressing unter. Stellen Sie den Salat für 3 Stunden zum Ziehen beiseite.

3 Zum Servieren geben Sie den Salat zunächst zum Abtropfen in ein Sieb. Vermischen Sie den Estragon sowie den Dill und das Chilipulver im Salat und richten Sie ihn dann auf Tellern an.

Burgonyasaláta – Kartoffelsalat

4 Port. 50 Min. Leicht

Zutaten

- 1 kg festkochende Kartoffeln
- 1 rote oder gelbe Zwiebel
- 150 ml Gemüsebrühe
- 3-4 EL Weißweinessig
- 3 EL Sonnenblumenöl oder mildes Olivenöl
- 1 TL Senf
- Salz und Pfeffer
- optional: 1 TL Zucker
- Petersilie zum Garnieren

Nährwerte p. P.

210 kcal, 32 g kh,
8 g Fett, 4 g Eiweiß

1 Kochen Sie die Kartoffeln in der Schale, bis sie gar sind (je nach Größe 20-25 Minuten). Gießen Sie sie ab, lassen Sie sie etwas abkühlen und pellen Sie sie. Schneiden Sie die warmen Kartoffeln in Scheiben oder grobe Stücke.

2 Schälen Sie die Zwiebel und schneiden Sie sie in sehr feine Würfel. Geben Sie die Zwiebelwürfel zu den warmen Kartoffeln.

3 Erwärmen Sie die Gemüsebrühe leicht und rühren Sie Essig, Öl, Senf, Salz, Pfeffer und optional Zucker hinein. Gießen Sie das Dressing über die Kartoffeln und mischen Sie alles vorsichtig, damit die Kartoffeln nicht zerfallen. Lassen Sie den Salat 10-15 Minuten ziehen.

4 Schmecken Sie den Kartoffelsalat erneut ab und geben Sie bei Bedarf etwas Essig oder Salz hinzu.

5 Garnieren Sie den Burgonyasaláta vor dem Servieren mit frischer Petersilie.

Káposztasaláta – Krautsalat

4 Port. 20 Min. Leicht

Zutaten

700-800 g Weißkohl	
1 kleine Zwiebel	
3 EL Sonnenblumenöl oder mildes Olivenöl	
3 EL Weißweinessig	
1 TL Salz	
½ TL Zucker	
Pfeffer	
optional: ½ TL Kümmel (ganz oder gemahlen)	

Nährwerte p. P.

85 kcal, 7 g kh,
6 g Fett, 1 g Eiweiß

1 Schneiden Sie den Weißkohl in feine Streifen oder hobeln Sie ihn mit einem Gemüsehobel. Geben Sie den Kohl in eine große Schüssel. Streuen Sie Salz darüber und kneten Sie den Kohl 1-2 Minuten kräftig mit den Händen, damit er etwas Wasser zieht und weicher wird.

2 Schälen Sie die Zwiebel und schneiden Sie sie in sehr feine Würfel. Mischen Sie die Zwiebel unter den Kohl.

3 Verrühren Sie Öl, Essig, Zucker und Pfeffer. Optional können Sie Kümmel hinzufügen. Gießen Sie das Dressing über den Kohl und mischen Sie alles gründlich.

4 Lassen Sie den Krautsalat mindestens 1 Stunde im Kühlschrank durchziehen, damit sich die Aromen gut verbinden.

5 Schmecken Sie den Káposztasaláta vor dem Servieren nochmals ab und passen Sie Salz oder Essig an.

Cékla Saláta – Rote-Beete-Salat

4 Port. 20 Min. Leicht

Zutaten

500 g gekochte Rote Beete
1 kleine rote Zwiebel
1 Apfel (säuerlich, z. B. Boskop)
2-3 EL Weißweinessig
2 EL Sonnenblumenöl
1 TL Zucker
Salz und Pfeffer
optional: 1 TL Meerrettich
Petersilie oder Rucola zum Garnieren

Nährwerte p. P.

95 kcal, 13 g kh,
4 g Fett, 2 g Eiweiß

1 Schneiden Sie die Rote Beete in kleine Würfel oder feine Streifen. Schälen Sie den Apfel, entfernen Sie das Kerngehäuse und schneiden Sie ihn ebenfalls in feine Würfel. Schälen Sie die Zwiebel und schneiden Sie sie in sehr kleine Stücke.

2 Geben Sie Rote Beete, Apfel und Zwiebel in eine Schüssel. Verrühren Sie Essig, Öl, Zucker, Salz und Pfeffer zu einem Dressing. Wenn Sie Meerrettich verwenden, rühren Sie diesen ebenfalls ein.

3 Gießen Sie das Dressing über den Salat und mischen Sie alles gründlich. Lassen Sie den Céklasaláta 10 Minuten ziehen, damit sich die Aromen verbinden.

4 Garnieren Sie den Salat vor dem Servieren mit etwas frischer Petersilie oder Rucola.

Paprikasaláta – Paprikasalat

4 Port. 20 Min. Leicht

Zutaten

4 große Paprika (gemischt: rot, gelb, grün)
2 Tomaten
1 kleine Zwiebel (rot oder weiß)
½ Bund Petersilie oder Koriander
2-3 EL Sonnenblumenöl oder mildes Olivenöl
2 EL Weißweinessig oder Zitronensaft
Salz und Pfeffer

Nährwerte p. P.

70 kcal, 9 g kh,
3 g Fett, 2 g Eiweiß

1 Waschen Sie die Paprika und entfernen Sie die Kerne. Schneiden Sie sie in Streifen oder mundgerechte Stücke. Halbieren Sie die Tomaten und schneiden Sie sie ebenfalls in Stücke. Schälen Sie die Zwiebel und schneiden Sie sie sehr fein.

2 Geben Sie Paprika, Tomaten und Zwiebel in eine Schüssel. Hacken Sie die Petersilie grob und mischen Sie sie unter das Gemüse.

3 Verrühren Sie Öl, Essig, Salz und Pfeffer zu einem einfachen Dressing. Wenn Sie Knoblauch verwenden möchten, rühren Sie diesen ebenfalls ein. Gießen Sie das Dressing über den Salat und mischen Sie alles gründlich.

4 Lassen Sie den Paprikasalat 5-10 Minuten ziehen, damit sich die Aromen verbinden.

Knoblauch-Sauerrahm-Dressing

4 Port. 10 Min. Leicht

Zutaten

- 200 g Sauerrahm (20 % oder 12 %)
- 2-3 Knoblauchzehen
- 1 EL Zitronensaft oder Weißweinessig
- 1 TL Zucker (optional)
- Salz und Pfeffer
- 1-2 EL Schnittlauch, frisch

Nährwerte p. P.

95 kcal, 4 g kh,
8 g Fett, 2 g Eiweiß

1 Geben Sie den Sauerrahm in eine Schüssel. Schälen Sie die Knoblauchzehen und pressen Sie sie fein hinein. Rühren Sie Zitronensaft oder Essig ein und schmecken Sie das Dressing mit Salz, Pfeffer und nach Wunsch etwas Zucker ab.

2 Hacken Sie den Schnittlauch und mischen Sie ihn unter das Dressing, sodass eine cremige, aromatische Sauce entsteht.

3 Kühlen Sie das Knoblauch-Sauerrahm-Dressing vor dem Servieren einige Minuten, damit sich die Aromen verbinden.

Dill-Joghurt-Dressing

4 Port. 10 Min. Leicht

Zutaten

200 g Joghurt, natur (3,5 % Fett)	
2 EL Sauerrahm (optional für mehr Cremigkeit)	
1-2 EL frischer Dill (fein gehackt)	
1 TL Zitronensaft oder Weißweinessig	
½ TL Salz	
Pfeffer	
optional: 1 TL Honig, 1 kleine Knoblauchzehe (gepresst)	

Nährwerte p. P.

60 kcal, 7 g kh,
2 g Fett, 3 g Eiweiß

1 Geben Sie den Joghurt in eine kleine Schüssel. Rühren Sie den Sauerrahm unter, falls Sie eine cremigere Konsistenz wünschen. Hacken Sie den Dill sehr fein und geben Sie ihn zum Joghurt.

2 Fügen Sie Zitronensaft, Salz, Pfeffer und nach Wunsch etwas Honig oder Zucker hinzu. Wenn Sie Knoblauch mögen, pressen Sie eine kleine Zehe hinein.

3 Rühren Sie alles gründlich um und lassen Sie das Dressing 5-10 Minuten im Kühlschrank ziehen, damit sich die Dill-Aromen gut entfalten.

Honig-Senf-Dressing

4 Port. 5 Min. Leicht

Zutaten

- 3 EL Olivenöl oder mildes Sonnenblumenöl
- 1½ EL Honig
- 1½ EL mittelscharfer Senf
- 1 EL Weißweinessig oder Apfelessig
- 1 TL Zitronensaft
- 1 kleine Prise Salz
- Pfeffer
- optional für ungarisches Aroma: 1 kleine Prise süßes Paprikapulver

Nährwerte p. P.

85 kcal, 7 g kh,
6 g Fett, 0 g Eiweiß

1 Geben Sie Öl, Honig und Senf in eine Schüssel und verrühren Sie alles mit einem kleinen Schneebesen zu einer glatten Masse. Fügen Sie Essig, Zitronensaft, Salz, Pfeffer und nach Wunsch Paprikapulver hinzu.

2 Rühren Sie das Dressing so lange weiter, bis es eine cremige Konsistenz erhält. Lassen Sie es anschließend ein paar Minuten ziehen, damit sich die Aromen harmonisch verbinden.

Paprika-Vinaigrette

4 Port. 10 Min. Leicht

Zutaten

- 1 rote Paprika
- ½ gelbe Paprika
- 4 EL Olivenöl
- 2 EL Weißweinessig
- 1 TL Honig
- 1 TL mittelscharfer Senf
- 1 kleine Knoblauchzehe, fein gehackt
- ½ TL edelsüßes Paprikapulver
- Salz und Pfeffer
- optional: 1-2 EL Wasser zum Verdünnen

Nährwerte p. P.

95 kcal, 5 g kh,
8 g Fett, 1 g Eiweiß

1 Schneiden Sie die Paprika in sehr kleine Würfel.

2 Geben Sie die Paprikawürfel in eine Schüssel und rühren Sie Olivenöl, Essig, Honig und Senf ein.

3 Rühren Sie den gehackten Knoblauch und das Paprikapulver unter.

4 Würzen Sie das Dressing mit Salz und Pfeffer.

5 Rühren Sie optional etwas Wasser ein, bis die gewünschte Konsistenz erreicht ist.

Suppen

Blumenkohlsuppe

4 Port. 40 Min. Leicht

Zutaten

500 ml Milch
200 g saure Sahne
1 l Hühnerbrühe
1 Blumenkohl
4 Petersilienwurzeln
1 EL Wasser
1 TL Salz

Mehlschwitze:

3 Knoblauchzehen
2 EL Butter
2 EL Mehl
2 EL Petersilie, gehackt
2 TL Paprikapulver, edelsüß
1 TL Pfeffer, weiß
etwas Brühe

1 Blumenkohl säubern und in Röschen teilen. Petersilienwurzeln schälen und würfeln. Brühe und Milch in einem Topf verrühren. Blumenkohl und Petersilienwurzeln beifügen und alles aufkochen lassen. Temperatur auf niedrigste Stufe stellen und Zutaten etwa 8 Minuten garen.

2 Knoblauch pellen und hacken. Butter in einem Topf erhitzen und Knoblauch darin andünsten. Paprikapulver darin vermischen und Mehl darüberstreuen. Zutaten unter Rühren für 3 Minuten anrösten und mit etwas Brühe ablöschen. Petersilie sowie Pfeffer in der Mehlschwitze verrühren.

3 Mehlschwitze im Topf mit dem Gemüse vermischen, alles für 1 Minute aufkochen lassen, Temperatur reduzieren und Suppe 10 Minuten köcheln lassen. Währenddessen saure Sahne mit dem Wasser verrühren und unter die Suppe heben. Nochmals mit Salz abschmecken und servieren.

Nährwerte p. P.

250 kcal, 18 g kh, 16 g Fett, 8 g Eiweiß

Gulyásleves – Gulaschsuppe

6 Port. 70 Min. Leicht

Zutaten

- 600 g Rindfleisch
- 400 g Kartoffeln
- 50 g Margarine
- 1½ l Wasser
- 1 Zwiebel
- 1 Knoblauchzehe
- 1 Petersilienwurzel
- je 1 Karotte & Tomate
- 2 Peperoni
- 2 Stangensellerie
- 2 EL Paprikapulver, scharf
- ½ TL Kümmel
- je 1 TL Salz & Pfeffer

Nährwerte p. P.

330 kcal, 18 g kh,
17 g Fett, 25 g Eiweiß

1 Fleisch in mundgerechte Stücke schneiden. Zwiebel und Kartoffeln schälen und würfeln. Knoblauch schälen und hacken. Karotte und Petersilienwurzel schälen und würfeln. Peperoni säubern und in Stücke schneiden. Tomate waschen und vierteln, Sellerie in Stücke schneiden.

2 Margarine in einem großen Topf erhitzen und Zwiebel darin glasig andünsten. Knoblauch und Kümmel darin vermischen, Topf von der Kochstelle nehmen und Paprikapulver darin verrühren. Fleisch beifügen, mit Salz und Pfeffer würzen und einen Deckel auflegen.

3 Speise bei niedriger Temperatur schmoren lassen und bei Bedarf etwas Wasser zufügen. Sobald das Fleisch halb gar ist, Tomaten und Sellerie beifügen und Kartoffeln dazugeben. Wasser in den Topf gießen und Suppe etwa 20 Minuten köcheln lassen.

4 Zum Servieren Suppe mit Paprikapulver und Pfeffer abschmecken.

Erbsensuppe

4 Port. 60 Min. Leicht

Zutaten

150 g Erbsen, TK
100 g Sellerie
100 g Speck
750 ml Wasser
1 Suppenwürfel
1 Frühlingszwiebel
1 Knoblauchzehe
1 Zwiebel
1 Paprika, grün
2 Lorbeerblätter
2 Karotten
3 Kartoffeln
4 EL saure Sahne
2 EL Petersilie, gehackt
1 TL Paprikapulver
je 1 Prise Salz & Majoran
Öl zum Braten

1 Zwiebel und Knoblauch pellen und hacken. Paprika säubern, Kartoffeln schälen und beides würfeln. Sellerie und Karotten schälen und in Stücke schneiden. Frühlingszwiebel säubern und in Ringe schneiden, Speck würfeln.

2 Öl in einem Topf erhitzen und Zwiebeln darin andünsten. Knoblauch, Karotten, Paprika, Sellerie und Frühlingszwiebel zufügen, Paprikapulver hineinstreuen und mit Wasser aufgießen.

3 Suppe mit Majoran würzen, Lorbeerblätter und Suppenwürfel hineingeben und alles kurz aufkochen lassen. Speck und Kartoffeln zufügen, alles verrühren, einen Deckel auflegen, Temperatur auf mittlere Stufe reduzieren und Suppe 20 Minuten köcheln lassen. Mit Salz würzen, Erbsen zufügen und weiter köcheln lassen, bis die Erbsen gar sind.

4 Suppe auf Tellern anrichten, je einen Klecks saure Sahne zufügen und mit Petersilie garnieren.

Nährwerte p. P.

310 kcal, 22 g kh, 20 g Fett, 9 g Eiweiß

Sauerkraut-Suppe

4 Port. 50 Min. Leicht

Zutaten

750 g Sauerkraut	
400 g Bohnen, weiß	
100 g Cabanossi	
75 g Crème fraîche	
70 g Tomatenmark	
40 g Schmalz	
1 l Fleischbrühe	
2 Knoblauchzehen	
2 Zwiebeln	
1 Lorbeerblatt	
1 EL Paprikapulver, edelsüß	
½ TL Kümmel	
Salz & Pfeffer	

Nährwerte p. P.

390 kcal, 20 g kh, 26 g Fett, 15 g Eiweiß

1 Schneiden Sie die Kabanossi in Scheiben. Pellen Sie die Zwiebeln sowie den Knoblauch und hacken Sie beides klein. Geben Sie die Bohnen zum Abtropfen in ein Sieb.

2 Erhitzen Sie das Schmalz in einem Topf und braten Sie den Cabanossi darin an. Geben Sie die Zwiebeln und den Knoblauch dazu und vermischen Sie anschließend das Sauerkraut darin. Fügen Sie das Lorbeerblatt sowie den Kümmel bei, löschen Sie alles mit der Brühe ab und legen Sie einen Deckel auf. Lassen Sie die Zutaten bei mäßiger Temperatur für etwa 20 Minuten köcheln.

3 Nach der Garzeit geben Sie die Bohnen dazu und vermischen das Tomatenmark darin. Würzen Sie die Suppe mit dem Paprikapulver sowie nach Belieben mit Pfeffer und Salz.

4 Zum Servieren verteilen Sie die Suppe auf Tellern und geben jeweils einen Klecks Crème fraîche darauf.

Estragon-Gemüsesuppe

4 Port. 40 Min. Leicht

Zutaten

2 EL Öl oder Butter
1 große Zwiebel
2 Knoblauchzehen
3-4 mittelgroße Karotten
1 Petersilienwurzel
1 kleine Zucchini
1 gelbe Paprika
3 kleine Kartoffeln
150 g Knollensellerie
1,2 l Gemüsebrühe
150 ml Sauerrahm
1 EL Mehl
1-2 TL getrockneter Estragon
1 TL Zitronensaft
Salz und Pfeffer
optional: etwas Schnittlauch oder Petersilie

1 Zwiebel und Knoblauch fein schneiden. Karotten, Petersilienwurzel, Zucchini, Paprika, Kartoffeln und Sellerie in mundgerechte Würfel schneiden.

2 Öl in einem großen Topf erhitzen und Zwiebel und Knoblauch darin andünsten. Gemüsewürfel zufügen und kurz mitbraten.

3 Gemüsebrühe angießen und Suppe etwa 20 Minuten köcheln lassen, bis das Gemüse weich ist.

4 Sauerrahm und Mehl in einer kleinen Schüssel glatt verrühren.

5 Sauerrahm-Mischung in die Suppe rühren und eicht köcheln lassen, bis sie etwas eindickt. Mit Estragon, Zitronensaft, Salz und Pfeffer würzen.

6 Suppe vor dem Servieren mit frischen Kräutern garnieren.

Nährwerte p. P.

165 kcal, 16 g kh, 9 g Fett, 4 g Eiweiß

Tatar-Nudelsuppe

4 Port. 30 Min. Leicht

Zutaten

690 g Tomaten, stückig, Konserve	
600 ml Gemüsebrühe	
175 g Tatar	
120 g Spirelli-Nudeln, gegart	
1 Paprika, rot	
2 Zwiebeln	
4 Karotten	
1 EL Petersilie, gehackt	
1 TL Zucker	
1 TL Kreuzkümmel	
2 TL Paprikapulver	
Salz & Pfeffer	

Nährwerte p. P.

280 kcal, 30 g kh,
12 g Fett, 18 g Eiweiß

1 Pellen Sie die Zwiebeln und hacken Sie sie klein. Säubern Sie die Paprika und schneiden Sie sie in kleine Stücke. Schälen Sie die Karotten und halbieren Sie sie. Anschließend schneiden Sie die Karotten in Viertel.

2 Braten Sie in einem Topf das Tatar krümelig an. Geben Sie Zwiebeln sowie Paprika und Karotten dazu und dünsten Sie alles für einige Minuten. Vermischen Sie die stückigen Tomaten darin und gießen Sie die Brühe hinein. Reduzieren Sie die Temperatur auf niedrigste Stufe und lassen Sie die Zutaten für etwa 5 Minuten köcheln. Rühren Sie dabei zwischendurch um.

3 Verrühren Sie den Zucker, das Paprikapulver sowie den Kreuzkümmel in der Suppe. Erhöhen Sie die Temperatur auf mittlere Stufe, damit die Zutaten leicht zu köcheln beginnen.

4 Geben Sie die Nudeln dazu und schmecken Sie die Suppe mit Pfeffer und Salz ab. Zum Servieren streuen Sie die Petersilie darüber.

Ujhazi – Hühnersuppe

4 Port. 90 Min. Leicht

Zutaten

1 Suppenhuhn
1 Kohlrabi
1 Petersilienwurzel
1 Knoblauchzehe
1 Zwiebel
2 Karotten
½ Sellerie
250 g Blumenkohl
100 g Wirsingkohl
100 g Erbsen
100 g Pilze nach Wahl
1 Prise Muskatnuss
1 Stück Ingwer
Fadennudeln nach Belieben
Salz & Pfeffer
Wasser zum Kochen

Nährwerte p. P.

370 kcal, 14 g kh,
20 g Fett, 32 g Eiweiß

1 Säubern Sie das Huhn und entfernen Sie den Hals und die Beine. Geben Sie das Huhn in einen Topf und gießen Sie eine reichliche Menge Wasser dazu. Pellen Sie die Zwiebel sowie den Knoblauch und fügen Sie beides im Ganzen bei. Kochen Sie alles auf und reduzieren Sie die Temperatur. Lassen Sie das Fleisch köcheln, bis es halb gar ist.

2 Inzwischen schälen Sie den Kohlrabi, die Petersilienwurzel, den Sellerie sowie die Karotten und schneiden alles in kleine Würfel. Den Wirsing spülen Sie ab und schneiden ihn in dünne Streifen. Teilen Sie den Blumenkohl in seine Röschen. Putzen Sie die Pilze und schneiden Sie sie in Stücke.

3 Nach der ersten Garzeit geben Sie das zerkleinerte Gemüse zum Huhn in den Topf. Fügen Sie außerdem die Pilze sowie die Erbsen bei. Würzen Sie die Suppe nach Belieben mit Pfeffer und Salz sowie mit Muskatnuss. Geben Sie den Ingwer dazu. Lassen Sie die Zutaten köcheln, bis das Fleisch gut durchgegart ist.

4 Entnehmen Sie etwa 600 ml der entstandenen Brühe und kochen Sie darin die Fadennudeln nach Packungsanleitung. Anschließend geben Sie sie in die Suppe.

5 Nach der Garzeit holen Sie das Huhn aus der Suppe und zerkleinern es nach Belieben. Richten Sie es auf einer Servierplatte an und reichen Sie die Suppe dazu.

Rote Bohnensuppe

2 Port. 25 Min. Leicht

Zutaten

- 2 Dosen Kidneybohnen
- 1 Pck. Tomaten, passiert
- 1 Pck. Cabanossi
- 1 Karotte
- 1 Knoblauchzehe
- 2 Zwiebeln
- 240 ml Brühe
- 1 TL Chilipulver
- 1 TL Paprikapulver, rosenscharf
- Pfeffer nach Belieben
- Salz nach Belieben
- Olivenöl zum Braten

Nährwerte p. P.

400 kcal, 50 g kh,
15 g Fett, 20 g Eiweiß

1 Pellen Sie die Zwiebeln sowie den Knoblauch und hacken Sie beides klein. Schneiden Sie die Cabanossi in Scheiben. Schälen Sie die Karotte und schneiden Sie sie ebenfalls in Scheiben. Geben Sie die Bohnen zum Abtropfen in ein Sieb.

2 Erhitzen Sie das Olivenöl in einem Topf und dünsten Sie die Zwiebeln sowie den Knoblauch glasig an. Fügen Sie die Cabanossi und die Karottenscheiben bei. Löschen Sie alles mit der Brühe und den passierten Tomaten ab. Vermischen Sie die Bohnen darin und lassen Sie alles für einige Minuten bei mäßiger Temperatur köcheln. Gegebenenfalls müssen Sie etwas Wasser hinzufügen.

3 Würzen Sie die Suppe mit dem Chilipulver und dem Paprikapulver. Schmecken Sie sie mit dem Pfeffer und dem Salz ab.

Tokány – Rahm-Gulaschsuppe

4 Port. 45 Min. Leicht

Zutaten

- 800 g Rindergulasch
- 200 g Schmand
- 4 Gewürzgurken
- 2 Paprika, rot + gelb
- 2 Zwiebeln
- 1 Lorbeerblatt
- 1 EL Butterschmalz
- 4 EL Paprikapulver, edelsüß
- 1 TL Paprikapulver, rosenscharf
- Pfeffer nach Belieben
- Salz nach Belieben
- Wasser zum Kochen

Nährwerte p. P.

550 kcal, 15 g kh,
35 g Fett, 40 g Eiweiß

1 Pellen Sie die Zwiebeln und schneiden Sie sie in grobe Stücke. Säubern Sie die Paprika und schneiden Sie sie in Streifen. Die Gewürzgurken schneiden Sie in Würfel.

2 Erhitzen Sie das Schmalz in einem großen Topf und braten Sie das Fleisch darin an. Vermischen Sie die Zwiebeln darin und streuen Sie beide Sorten Paprikapulver darüber. Löschen Sie die Zutaten mit so viel Wasser ab, bis alles knapp bedeckt ist. Geben Sie die Paprika sowie die Gewürzgurken und das Lorbeerblatt dazu, legen Sie einen Deckel auf und lassen Sie die Zutaten bei niedriger Temperatur für etwa 15 Minuten köcheln.

3 Geben Sie den Schmand in eine Schüssel und rühren Sie ihn mit einer kleinen Menge Wasser glatt. Nach der Garzeit des Fleisches verrühren Sie den Schmand im Topf und schmecken alles mit Pfeffer sowie Salz ab. Garen Sie die Speise ohne Deckel für weitere 15 Minuten. Sollte die Soße zu dünn geworden sein, können Sie sie mit etwas Soßenbinder andicken.

Waldpilz-Suppe

4 Port. 45 Min. Leicht

Zutaten

1,2 l Fleischbrühe
250 g Waldpilze
200 g Maultaschen, Fertigprodukt
200 ml saure Sahne
150 g Schinken, geräuchert
50 g Mehl
2 Lorbeerblätter
1 Zwiebel
1 Salbeiblatt
Paprikapulver
Thymian nach Belieben
Salz & Pfeffer
Butterschmalz zum Braten
Petersilie zum Garnieren

1 Zwiebel pellen und würfeln. Pilze säubern und zerkleinern. Schinken würfeln.

2 Etwas Butterschmalz in einem Topf erhitzen und Schinken darin anbraten. Schinken entnehmen und Zwiebeln im selben Topf anbraten. Pilze zufügen und mit Pfeffer und Salz würzen. Lorbeerblätter, Salbeiblatt und Thymian untermischen.

3 Nach kurzem Andünsten Paprikapulver darin vermischen und alles mit Brühe ablöschen. Schinkenwürfel zufügen und alles aufkochen lassen. Temperatur reduzieren, einen Deckel auflegen und Suppe für einige Minuten köcheln lassen.

4 Inzwischen saure Sahne mit Mehl vermischen. Maultaschen in die Suppe geben. Wenn diese gar sind, Suppe mit dem Sahne-Mehl-Gemisch ansämen. Suppe nochmals aufkochen lassen, in einer Terrine servieren und mit Petersilie garnieren.

Nährwerte p. P.

450 kcal, 30 g kh, 25 g Fett, 35 g Eiweiß

Meggyleves – Sauerkirschen-Suppe

4 Port. 45 Min. Leicht

Zutaten

500 ml Wein, süß
500 ml Wasser
100 ml Pflanzenöl
1 kg Sauerkirschen, frisch oder TK, ohne Stein
1 Handvoll Petersilie, frisch gehackt
1 Handvoll Dill, frisch gehackt
1 Fenchelknolle
1 Zwiebel
Pfeffer, schwarz, nach Belieben
Salz nach Belieben

Nährwerte p. P.

180 kcal, 22 g kh,
10 g Fett, 2 g Eiweiß

1 Säubern Sie den Fenchel und würfeln Sie ihn. Pellen Sie die Zwiebel und hacken Sie sie klein.

2 Erhitzen Sie das Öl in einem großen Topf und braten Sie Fenchel sowie Zwiebel darin an. Löschen Sie beides mit dem Wein ab und gießen Sie das Wasser dazu. Lassen Sie alles aufkochen, reduzieren Sie die Temperatur und lassen Sie die Zutaten für etwa 20 Minuten köcheln.

3 Sortieren Sie etwa 20 schöne Kirschen zum Garnieren aus, den Rest geben Sie in den Topf und lassen die Suppe für weitere 10 Minuten köcheln. Schmecken Sie die Suppe mit Salz ab. Nehmen Sie den Topf von der Kochstelle und pürieren Sie die Zutaten zu einer glatten Masse. Bei Bedarf können Sie die Suppe noch durch ein Sieb streichen. Stellen Sie sie für 4 Stunden kalt.

4 Zum Servieren verteilen Sie die Suppe auf Tellern und garnieren sie mit den übrigen Kirschen. Streuen Sie die Kräuter darüber und würzen Sie die Suppe nach Belieben mit Pfeffer.

Knoblauch-Suppe

4 Port. 45 Min. Leicht

Zutaten

- 200 g Sahne
- 1 l Gemüsebrühe
- 1 Knoblauchknolle
- 1 Zwiebel, gewürfelt
- 2 Lorbeerblätter
- 4 Scheiben Toastbrot, gewürfelt
- ½ Bund Frühlingszwiebeln, in Ringe geschnitten
- 4 EL Öl
- je 2 EL Mehl & Butter
- Salz & Pfeffer

Nährwerte p. P.

280 kcal, 20 g kh,
20 g Fett, 3 g Eiweiß

1 Knoblauch pellen und 1 Zehe beiseitelegen. Übrige Zehen in Scheiben schneiden. 2 EL Öl in einem Topf erhitzen und Knoblauch und Zwiebel darin andünsten. Butter darin vermischen und Mehl darüberstreuen. Zutaten anschwitzen, dann mit Brühe und Sahne ablöschen. Lorbeerblätter beifügen, Suppe aufkochen lassen, Temperatur reduzieren und etwa 20 Minuten köcheln lassen.

2 Übrige Knoblauchzehe in dünne Scheiben schneiden. 1 EL Öl in einer Pfanne erhitzen und Knoblauchscheiben darin hellbraun anbraten, mit Salz und Pfeffer würzen.

3 Nach der Garzeit Lorbeerblätter entnehmen und alles zu einer feinen Masse pürieren. Suppe mit Pfeffer und Salz würzen und warm halten.

4 Übriges Öl in einer weiteren Pfanne erhitzen und Brotwürfel darin goldbraun anrösten.

5 Suppe auf Tellern verteilen und mit Knoblauchscheiben, Brotwürfeln und Frühlingszwiebeln garnieren.

Petersilienwurzel-Cremesuppe

4 Port. 35 Min. Leicht

Zutaten

600 g Petersilienwurzeln
70 g Zwiebeln
1 Knoblauchzehe
50 g Butter
30 g Walnüsse
1 l Gemüsebrühe
4 Bund Petersilie
1 Bund Schnittlauch
1 EL Sahne
½ TL Zitronenschale, fein gerieben
1 Prise Muskatnuss
Salz & Pfeffer
Olivenöl zum Beträufeln

Nährwerte p. P.

250 kcal, 30 g kh, 15 g Fett, 5 g Eiweiß

1 Zwiebeln und Knoblauch pellen und fein hacken. Petersilienwurzeln schälen und in Stücke schneiden. Schnittlauch abspülen und in Röllchen schneiden. Petersilie abspülen und Blätter entfernen. Petersilienblätter blanchieren und mit Eiswasser abschmecken.

2 25 g Butter in einem großen Topf erhitzen. Zwiebeln und Knoblauch darin andünsten und Petersilienwurzeln beifügen. Brühe dazugießen und alles mit Muskat, Pfeffer und Salz würzen. Einen Deckel auflegen, Temperatur reduzieren und Suppe etwa 20 Minuten köcheln lassen.

3 Blanchierte Petersilienblätter beifügen und alles pürieren. Wenn Sie die Suppe sehr cremig wünschen, streichen Sie sie durch ein Sieb. Suppe mit Zitronenschale abschmecken und Sahne und übrige kalte Butter darin verrühren.

4 Walnüsse grob hacken, zum Servieren mit dem Schnittlauch über die Suppe streuen und alles mit Olivenöl beträufeln.

Húsgombócleves – Fleischbällchensuppe

4 Port. 55 Min. Leicht

Zutaten

Für die Fleischbällchen:

- 400 g gemischtes Hackfleisch (Rind/Schwein)
- 1 Ei
- 2 EL Paniermehl
- 1 kleine Zwiebel, sehr fein gehackt
- 1 TL Paprikapulver, edelsüß
- 1 TL Salz
- ½ TL Pfeffer
- 1 EL gehackte Petersilie

Für die Suppe:

- 3 mittelgroße Kartoffeln
- 2 Karotten
- 1 Petersilienwurzel (optional)
- 1 Stange Sellerie
- 1 Zwiebel
- 2 Knoblauchzehen
- 1 EL Paprikapulver, edelsüß
- 2 EL Öl
- 1,5 l Gemüse- oder Fleischbrühe
- 1 TL Majoran
- Salz, Pfeffer
- frische Petersilie

1 Schneiden Sie die Kartoffeln in würfelförmige Stücke. Schälen Sie Karotten, Petersilienwurzel und Sellerie und schneiden Sie alles in kleine Würfel. Hacken Sie die Zwiebel und den Knoblauch fein.

2 Geben Sie Hackfleisch, Ei, Paniermehl, gehackte Zwiebel, Paprikapulver, Salz, Pfeffer und Petersilie in eine Schüssel. Verkneten Sie alles gründlich und formen Sie walnussgroße Bällchen.

3 Erhitzen Sie das Öl in einem großen Topf und schwitzen Sie die gehackte Zwiebel und den Knoblauch glasig an. Streuen Sie das Paprikapulver darüber und rühren Sie sofort um, damit es nicht verbrennt.

4 Geben Sie das vorbereitete Wurzelgemüse und die Kartoffeln in den Topf. Rühren Sie kurz um, dann gießen Sie die Brühe dazu. Würzen Sie mit Salz, Pfeffer und Majoran.

5 Legen Sie die Fleischbällchen vorsichtig in die Suppe. Lassen Sie die Suppe etwa 25-30 Minuten köcheln, bis Gemüse und Fleischbällchen weich sind.

6 Schmecken Sie die Suppe mit Salz, Pfeffer und Majoran ab und bestreuen Sie sie mit frischer Petersilie.

Nährwerte p. P.

420 kcal, 30 g kh, 22 g Fett, 24 g Eiweiß

Gebackene Paprikacremesuppe

4 Port. 60 Min. Leicht

Zutaten

6 rote Spitzpaprika
1 große Zwiebel
3 Knoblauchzehen
2 EL Olivenöl
1 TL Paprikapulver, edelsüß
700 ml Gemüsebrühe
150 ml Sahne
Salz, Pfeffer
1 TL Zucker (optional)
frische Kräuter zum Servieren (z. B. Thymian oder Petersilie)

Nährwerte p. P.

210 kcal, 18 g kh,
13 g Fett, 3 g Eiweiß

1 Backofen auf 220 °C Ober-/Unterhitze vorheizen. Paprika waschen, halbieren, entkernen und weiße Innenhäute entfernen. Paprikahälften mit der Hautseite nach oben auf ein Blech legen und 20-25 Minuten backen.

2 Paprika für 10 Minuten in eine Schüssel geben, abdecken und anschließend Haut abziehen. Zwiebel grob schneiden und Knoblauch hacken.

3 Olivenöl in einem Topf erhitzen und Zwiebel darin glasig andünsten. Knoblauch und Paprikapulver zufügen und sofort umrühren.

4 Paprika grob schneiden, in den Topf geben, Brühe dazugießen und alles 10 Minuten köcheln lassen.

5 Suppe mit einem Stabmixer fein pürieren und Sahne einrühren. Mit Salz, Pfeffer und optional etwas Zucker abschmecken.

6 Suppe in Schalen anrichten und mit Kräutern garnieren.

Eperleves – Erdbeer-Kaltschale

4 Port. 15 Min. Leicht

Zutaten

500 g frische Erdbeeren
500 ml kaltes Wasser
250 ml Joghurt, natur
2–3 EL Zucker oder Honig (nach Geschmack)
1 TL Vanillezucker
1 TL Zitronensaft
optional: 1 Prise Zimt oder 1-2 Blätter frische Minze
Erdbeerscheiben oder Minze zur Dekoration

Nährwerte p. P.

120 kcal, 22 g kh,
2 g Fett, 4 g Eiweiß

1 Waschen Sie die Erdbeeren gründlich, entfernen Sie das Grün und schneiden Sie die Früchte grob.

2 Geben Sie die Erdbeeren in einen Mixer oder verwenden Sie einen Stabmixer. Pürieren Sie sie fein.

3 Rühren Sie Wasser, Joghurt, Vanillezucker, Zitronensaft sowie Zucker bzw. Honig unter das Erdbeerpüree.

4 Wenn Sie möchten, rühren Sie eine Prise Zimt ein oder fügen fein gehackte Minze hinzu.

5 Stellen Sie die Schale für mindestens 1 Stunde in den Kühlschrank, damit sie richtig kalt wird.

6 Richten Sie die Erdbeer-Kaltschale in Schüsseln an und garnieren Sie sie mit Erdbeerscheiben oder frischer Minze.

Sóska Leves – Sauerampfersuppe

4 Port. | 35 Min. | Leicht

Zutaten

- 200-250 g frischer Sauerampfer
- 3 mittelgroße Kartoffeln
- 1 kleine Zwiebel
- 2 Knoblauchzehen
- 1 EL Butter oder Öl
- 1 l Gemüse- oder Fleischbrühe
- 150 ml Sahne
- Salz, Pfeffer
- 1 TL Zucker (optional, zur Abrundung)
- 2 hartgekochte Eier

Nährwerte p. P.

165 kcal, 17 g kh,
8 g Fett, 6 g Eiweiß

1 Waschen Sie den Sauerampfer gründlich und entfernen Sie dicke Stiele. Schneiden Sie die Blätter in feine Streifen. Schälen Sie die Kartoffeln und schneiden Sie sie in kleine Würfel. Hacken Sie Zwiebel und Knoblauch.

2 Erhitzen Sie die Butter in einem Topf und schwitzen Sie die gehackte Zwiebel glasig an. Geben Sie den Knoblauch dazu und rühren Sie kurz um.

3 Geben Sie die Kartoffelwürfel in den Topf und gießen Sie die Brühe auf. Lassen Sie die Suppe 15-20 Minuten köcheln, bis die Kartoffeln weich sind. Rühren Sie den Sauerampfer ein und lassen Sie ihn 3-4 Minuten zusammenfallen.

4 Rühren Sie Sahne ein. Schmecken Sie die Suppe mit Salz, Pfeffer und nach Wunsch etwas Zucker ab.

5 Schneiden Sie die hartgekochten Eier in Viertel oder Scheiben und legen Sie sie zum Servieren in die Suppe.

Kalte Apfelsuppe

4 Port. 30 Min. Leicht

Zutaten

- 500 g Äpfel
- 100 ml saure Sahne
- 1 Zwiebel
- 2 Suppenbrühwürfel
- Muskatnuss nach Belieben
- Ingwerpulver nach Belieben
- Zitronensaft nach Belieben
- Pfeffer nach Belieben
- Salz nach Belieben

Nährwerte p. P.

120 kcal, 25 g kh,
3 g Fett, 1 g Eiweiß

1 Schälen Sie die Äpfel und schneiden Sie sie in Spalten. Pellen Sie die Zwiebel und schneiden Sie sie in kleine Stücke.

2 Verarbeiten Sie die Suppenbrühwürfel nach Packungsanleitung zu einer Fleischbrühe und geben Sie die Zwiebeln sowie die Äpfel hinein. Kochen Sie die Zutaten, bis sie weich geworden sind.

3 Gießen Sie die Suppe durch ein Sieb und fangen Sie die Brühe in einem weiteren Topf auf. Pürieren Sie die festen Zutaten und vermischen Sie sie wieder in der Brühe.

4 Schmecken Sie die Apfelsuppe mit Muskatnuss, Ingwerpulver, Zitronensaft, Pfeffer sowie Salz ab. Heben Sie die saure Sahne unter und stellen Sie die Suppe bis zum Verzehr in den Kühlschrank.

Fleisch & Geflügel

Szegediner Gulasch

4 Port. 50 Min. Leicht

Zutaten

800 g Sauerkraut
500 g Gulasch vom Schwein
250 ml Gemüsebrühe
5 Wacholderbeeren
2 Knoblauchzehen
3 Zwiebeln
1 Becher saure Sahne
2 EL Öl
4 EL Paprikapulver
½ TL Pfeffer
1 TL Salz

Nährwerte p. P.

350 kcal, 16 g kh,
22 g Fett, 28 g Eiweiß

1 Pellen Sie die Zwiebeln und hacken Sie sie klein. Pellen Sie den Knoblauch und pressen Sie ihn in ein Schälchen.

2 Erhitzen Sie das Öl in einem großen Topf und rösten Sie die Zwiebeln darin an. Geben Sie das Fleisch dazu und braten Sie es rundherum an. Fügen Sie den Knoblauch, den Pfeffer sowie das Salz bei und vermischen Sie 1 EL Paprikapulver darin. Anschließend heben Sie das Sauerkraut unter.

3 Gießen Sie die Brühe hinein, zerdrücken Sie die Wacholderbeeren und fügen Sie sie bei. Legen Sie einen Deckel auf und garen Sie die Speise für etwa 35 Minuten bei niedriger Temperatur.

4 Zum Servieren schmecken Sie das Gulasch mit dem übrigen Paprikapulver ab und geben bei Bedarf auch noch etwas Pfeffer und Salz hinzu. Nehmen Sie den Topf von der Kochstelle und verrühren Sie die saure Sahne darin.

Leberpfanne

4 Port. 40 Min. Leicht

Zutaten

- 650 g Leber
- 100 ml Rotwein
- 25 g Butter
- 2 Tomaten
- 1 Zwiebel
- 1 Paprika, rot
- 2 EL Öl zum Braten
- 1 EL Mehl
- Pfeffer nach Belieben
- Salz nach Belieben

Nährwerte p. P.

250 kcal, 9 g kh,
14 g Fett, 22 g Eiweiß

1 Pellen Sie die Zwiebel und hacken Sie sie klein. Säubern Sie die Paprika sowie die Tomaten und schneiden Sie beides in kleine Stücke. Schneiden Sie die Leber in dünne Streifen.

2 Erhitzen Sie das Öl in einer Pfanne und dünsten Sie die Zwiebeln darin an. Fügen Sie die Leberstreifen, die Paprika sowie die Tomaten bei. Vermischen Sie die Butter in der Pfanne und rühren Sie das Mehl dazu. Löschen Sie alles mit dem Rotwein ab.

3 Schmecken Sie die Speise mit dem Pfeffer sowie dem Salz ab. Reduzieren Sie die Temperatur auf niedrigste Stufe und garen Sie die Leberpfanne für etwa 10 Minuten.

Biergulasch

4 Port. 80 Min. Leicht

Zutaten

- 750 g Gulasch vom Rind
- 500 ml Bier, hell
- 150 g Champignons
- 100 ml saure Sahne
- 60 g Schmalz
- 1 Bund Kräuter, gemischt
- 2 Knoblauchzehen
- 4 Zwiebeln
- 2 EL Paprikapulver, edelsüß
- 1 EL Tomatenmark
- ½ TL Kümmel, gemahlen
- Salz & Pfeffer

Nährwerte p. P.

470 kcal, 12 g kh,
30 g Fett, 38 g Eiweiß

1 Pellen Sie die Zwiebeln sowie den Knoblauch und schneiden Sie beides in grobe Stücke. Putzen Sie die Pilze und schneiden Sie sie in Scheiben. Spülen Sie die Kräuter ab und hacken Sie sie klein.

2 Erhitzen Sie das Schmalz in einem großen Topf und dünsten Sie die Zwiebeln und den Knoblauch darin an. Geben Sie das Fleisch dazu und braten Sie es scharf von allen Seiten an. Würzen Sie es mit dem Paprikapulver, dem Pfeffer, dem Salz sowie dem Kümmel. Löschen Sie die Zutaten mit der halben Biermenge ab, legen Sie einen Deckel auf und schmoren Sie das Gulasch für etwa 60 Minuten bei mäßiger Temperatur.

3 Etwa 10 Minuten vor Ende der Garzeit fügen Sie die Kräuter sowie die Pilze bei. Gießen Sie das übrige Bier sowie die saure Sahne dazu und schmecken Sie die Speise noch einmal mit dem Paprikapulver sowie dem Tomatenmark ab.

Putenbrust

4 Port. 45 Min. Leicht

Zutaten

- 4 Putenbrustfilets
- 400 g Tomaten, stückig, Konserve
- 140 ml Geflügelbouillon
- 120 g saure Sahne
- 1 Peperoni
- 1 Paprika, rot
- 2 Zwiebeln
- 3 EL Öl
- 2 EL Paprikapulver
- Pfeffer nach Belieben
- Salz nach Belieben

Nährwerte p. P.

270 kcal, 10 g kh,
14 g Fett, 31 g Eiweiß

1 Pellen Sie die Zwiebeln und schneiden Sie sie in kleine Stücke. Säubern Sie die Peperoni sowie die Paprika und schneiden Sie beides in Streifen.

2 Erhitzen Sie das Öl in einer Pfanne und braten Sie das Fleisch darin rundherum an. Würzen Sie es mit Pfeffer sowie Salz und nehmen Sie es anschließend heraus.

3 Braten Sie die Zwiebeln, die Paprika und die Peperoni in der Pfanne an. Kochen Sie die Bouillon nach Packungsanleitung und gießen Sie sie dazu. Verrühren Sie die stückigen Tomaten sowie das Paprikapulver darin. Kochen Sie die Zutaten auf, legen Sie das Fleisch hinein und reduzieren Sie die Temperatur. Lassen Sie die Speise für etwa 10 Minuten köcheln.

4 Verfeinern Sie die Soße mit der sauren Sahne und schmecken Sie sie nochmals mit Pfeffer sowie Salz ab.

Reisfleisch

4 Port. 70 Min. Leicht

Zutaten

- 500 g Hähnchenfleisch
- 500 ml Rindersuppe (Fertigprodukt)
- 300 g Reis
- 200 g Bohnen
- 140 g Speck
- 3 Zwiebeln
- 3 Paprika, rot
- 2 Tomaten
- 2 Knoblauchzehen
- 3 EL Essig
- 2 EL Tomatenmark
- 1 EL Paprikapulver
- 1 EL Kümmel
- Pfeffer nach Belieben
- Salz nach Belieben
- Petersilie zum Garnieren

1 Zwiebeln und Knoblauch pellen und klein hacken. Speck würfeln und Fleisch in mundgerechte Stücke schneiden. Paprika, Tomaten und Bohnen säubern und in Stücke schneiden. Petersilie abspülen und Blätter entfernen.

2 Eine Pfanne erhitzen und Speck mit Zwiebeln sowie Knoblauch darin glasig andünsten. Paprikapulver darin vermischen und alles mit dem Essig ablöschen. Tomatenmark, Kümmel und Pfeffer sowie Salz darin verrühren, Fleisch dazugeben, alles kurz aufkochen lassen, Temperatur reduzieren und für etwa 20 Minuten dünsten lassen.

3 Nach der Garzeit Reis sowie zerkleinertes Gemüse beifügen. Rindersuppe hineingießen und alles für weitere 20 Minuten schmoren lassen.

4 Zum Servieren Speise in eine Schüssel füllen und mit den Petersilienblättern garnieren.

Nährwerte p. P.

540 kcal, 46 g kh, 21 g Fett, 35 g Eiweiß

Töltött Paprika – Gefüllte Paprika

4 Port. 40 Min. Leicht

Zutaten

Füllung:

- 500 g Hackfleisch
- 200 g Reis, gegart
- 4 Paprika, groß
- 3 Eier
- Pfeffer nach Belieben
- Salz nach Belieben

Soße:

- 1¼ l Wasser
- 500 g Tomaten, passiert
- 100 ml Pflanzenöl
- 3 EL Mehl
- 1 ½ TL Paprikapulver, edelsüß
- 1 Prise Zucker
- Salz nach Belieben
- Pfeffer nach Belieben

1 Öl in einem Topf erhitzen und Mehl darin vermischen. Topf vom Herd nehmen und Paprikapulver einrühren. Mischung mit Wasser ablöschen und passierte Tomaten beifügen. Topf wieder auf den Herd stellen und alles kurz aufkochen lassen. Soße mit Pfeffer, Salz und Zucker würzen.

2 Hackfleisch in eine Schüssel geben und mit gekochtem Reis vermischen. Eier dazugeben und Füllung mit Pfeffer und Salz abschmecken.

3 Paprika säubern und „Deckel" abschneiden. Kerne entfernen und Paprika mit Hackfleischmischung befüllen. Übrig gebliebenes Hackfleisch zu Bällchen formen.

4 Paprika in die Soße legen, Hackbällchen beifügen und alles etwa 20 Minuten garen.

5 Zum Servieren gefüllte Paprika mit Soße auf Tellern anrichten.

Nährwerte p. P.

590 kcal, 29 g kh, 38 g Fett, 31 g Eiweiß

Paprika-Hähnchen

4 Port. 80 Min. Leicht

Zutaten

- 1½ kg Hähnchenschenkel
- 250 g saure Sahne
- 250 ml Gemüsebrühe
- 2 EL Mehl
- 2 EL Paprikapulver, edelsüß
- 3 EL Pflanzenöl
- 1 Knoblauchzehe
- 1 Zwiebel
- Pfeffer nach Belieben
- Salz nach Belieben

Nährwerte p. P.

640 kcal, 7 g kh,
47 g Fett, 46 g Eiweiß

1 Würzen Sie die Hähnchenschenkel nach Belieben mit Salz. Pellen Sie die Zwiebel sowie den Knoblauch und hacken Sie beides klein.

2 Erhitzen Sie das Öl in einem großen Topf und dünsten Sie das eben zerkleinerte Gemüse darin an. Vermischen Sie das Paprikapulver darin und legen Sie die Hähnchenschenkel dazu. Braten Sie es von allen Seiten sorgfältig an und löschen Sie es anschließend mit der Gemüsebrühe ab. Legen Sie einen Deckel auf und garen Sie die Zutaten bei niedriger Temperatur für etwa 50 Minuten.

3 Inzwischen vermischen Sie die saure Sahne mit dem Mehl. Nach der Garzeit rühren Sie die Mischung in die Brühe und lassen alles noch für 5 Minuten ziehen. Würzen Sie die Speise nach Belieben mit Pfeffer und Salz.

Pustabällchen in Tomatensoße

4 Port. 60 Min. Leicht

Zutaten

- 500 g Hackfleisch, gemischt
- 500 ml Rinderbrühe
- 125 ml Rotwein, trocken
- 3 Paprika, rot, gelb + grün
- 4 Knoblauchzehen
- 6 Zwiebeln
- 3 EL Tomatenmark
- 2 EL Kümmel
- 1 EL Paprikapulver, rosenscharf
- 1 EL Paprikapulver, edelsüß
- Salz, Pfeffer, Öl

Nährwerte p. P.

450 kcal, 14 g kh,
29 g Fett, 28 g Eiweiß

1 Pellen Sie Zwiebeln und Knoblauch und hacken Sie beides klein. Säubern Sie die Paprika und schneiden Sie sie in Würfel.

2 Geben Sie das Hackfleisch in eine Schüssel und verkneten Sie Pfeffer und Salz darin. Formen Sie kleine Bällchen aus der Fleischmasse.

3 Erhitzen Sie das Öl in einer großen Pfanne und braten Sie die Hackbällchen rundherum an. Nehmen Sie sie heraus und braten Sie Zwiebeln und Knoblauch in der Pfanne an. Geben Sie die Fleischbällchen wieder hinein und fügen Sie beide Sorten Paprikapulver bei. Vermischen Sie das Tomatenmark darin und löschen Sie alles mit der Brühe ab. Geben Sie den Rotwein hinein und kochen Sie die Zutaten auf. Vermengen Sie den Kümmel darin, legen Sie einen Deckel auf und lassen Sie die Speise bei niedriger Temperatur für etwa 10 Minuten köcheln.

4 Geben Sie die Paprikawürfel dazu und schmoren Sie alles mit Deckel weitere 20 Minuten.

Töltött Káposzta – Kohlrouladen

4 Port. 150 Min. Mittel

Zutaten

- 500 g Hackfleisch
- 150 ml Gemüsebrühe
- 1 Weißkohl
- 1 Ei
- 1 Peperoni
- 2 Brötchen
- 2 Knoblauchzehen
- 2 Zwiebeln
- 2 Tomaten
- etwas Milch
- etwas saure Sahne
- Paprikapulver nach Belieben
- Pfeffer nach Belieben
- Salz nach Belieben
- Butter zum Anbraten
- Öl zum Anbraten

Nährwerte p. P.

460 kcal, 18 g kh,
30 g Fett, 27 g Eiweiß

1 Kohl von äußeren Blättern befreien und Strunk herausschneiden. Wasser in einem Topf mit etwas Salz aufkochen lassen. Kohl hineinlegen und 5 Minuten garen, dann abgießen, 12 Blätter des Kohls entfernen, diese auf einer Arbeitsfläche ausbreiten und dicke Rippen herausschneiden.

2 Brötchen in kleine Stücke schneiden, in eine Schüssel geben und in der Milch einweichen, Zwiebeln und Knoblauch pellen und klein hacken. Tomaten säubern und in kleine Stücke schneiden. Peperoni säubern und würfeln.

3 Butter in einem Topf erhitzen und 1 Zwiebel darin dünsten. Hackfleisch in eine Schüssel geben, Zwiebel und Ei darin vermischen und Masse mit Paprikapulver, Pfeffer und Salz würzen. Brötchen ausdrücken und in den Hackteig kneten.

4 Hackmasse in 12 Portionen teilen, diese zu Würsten formen und an das untere Ende der Kohlblätter legen. Blätter aufrollen, dabei die Seiten nach innen falten und die Enden mit Zahnstochern fixieren. Rouladen in einer Pfanne in Öl rundherum anbraten, dann in eine Auflaufform legen.

5 Übrigen Kohl in kleine Stücke schneiden und mit Tomaten, übriger Zwiebel, Knoblauch und Peperoni anbraten. Mit Brühe aufgießen, Temperatur reduzieren und 10 Minuten köcheln lassen.

6 Ofen auf 180 °C Umluft vorheizen. Pfanneninhalt über die Rouladen geben, Form auf die mittlere Schiene stellen und Speise 90 Minuten garen.

7 Zum Servieren die saure Sahne über den Kohlrouladen verteilen.

Raznici – Fleisch-Spieße

4 Port. 150 Min. Leicht

Zutaten

350 g Kalbfleisch, mager
350 g Schweinelende
100 ml Olivenöl
2 Zwiebeln
1 Paprika, rot
1 Paprika, gelb
1 Knoblauchzehe
Pfeffer nach Belieben
Salz nach Belieben
Metallspieße

Nährwerte p. P.

*440 kcal, 7 g kh,
28 g Fett, 37 g Eiweiß*

1 Zwiebeln und Knoblauch pellen. 1 Zwiebel in Scheiben schneiden, die andere vierteln, die Viertel quer halbieren und die einzelnen Zwiebelblätter auseinandertrennen. Knoblauch in eine Schüssel pressen und mit Öl und Zwiebelscheiben vermischen. Fleisch in Würfel schneiden und in die Marinade geben. Schüssel abdecken und 2 Stunden in den Kühlschrank stellen.

2 In der Zwischenzeit Paprika säubern und in 2 cm große Stücke schneiden. Metallspieße einölen. Fleischstücke aus der Marinade nehmen und abwechselnd mit Paprika und Zwiebeln auf die Spieße stecken.

3 Backofen auf Grillfunktion vorheizen. Fleischspieße mit der Marinade bestreichen und auf dem Rost verteilen. Spieße während des Grillens immer wieder mit Marinade bestreichen und wenden, damit sie gleichmäßig durchgaren. Dies dauert etwa 15 Minuten.

4 Spieße vor dem Servieren mit Pfeffer und Salz würzen.

Nudelauflauf

2 Port. 60 Min. Leicht

Zutaten

500 ml Gemüsebrühe
150 g Nudeln nach Wahl
150 g Salami am Stück
100 g Gouda, gerieben
1 Knoblauchzehe
1 Zwiebel
1 Paprika, gelb
1 Paprika, rot
3 EL Öl
2 EL Tomatenmark
1 TL Paprikapulver, rosenscharf
Salz nach Belieben

Nährwerte p. P.

*750 kcal, 50 g kh,
45 g Fett, 30 g Eiweiß*

1 Säubern Sie die Paprika und schneiden Sie sie in Stücke. Pellen Sie die Zwiebel sowie den Knoblauch und hacken Sie beides klein. Die Salami schneiden Sie in Scheiben.

2 Erhitzen Sie das Öl in einem großen Topf und dünsten Sie die Zwiebel sowie den Knoblauch glasig an. Fügen Sie die Paprika und die Salami bei, vermischen Sie die Nudeln darin und heben Sie das Tomatenmark unter. Löschen Sie die Zutaten mit der Brühe ab und würzen Sie alles mit dem Paprikapulver sowie mit Salz nach Belieben. Kochen Sie alles kurz auf und füllen Sie dann den Topfinhalt in eine Auflaufform.

3 Heizen Sie den Backofen auf 180 °C Ober-/Unterhitze vor. Streuen Sie den Käse über den Auflauf und garen Sie ihn auf der mittleren Schiene für etwa 30 Minuten.

Fisch & Meeresfrüchte

Fisch-Ragout

4 Port. 45 Min. Leicht

Zutaten

- 500 g Kabeljau, TK
- 300 g Paprika, rot
- 250 g Crème fraîche
- 125 ml Gemüsebrühe
- 30 g Butterschmalz
- 20 g Butter
- 1 Zwiebel
- 5 EL Weißwein
- 4 EL Paprikamark
- 3 EL Zitronensaft
- 2 EL Soßenbinder, hell
- 2 TL Paprikapulver
- Salz & Pfeffer

Nährwerte p. P.

400 kcal, 10 g kh,
28 g Fett, 28 g Eiweiß

1 Lassen Sie den Fisch auftauen, schneiden Sie ihn in mundgerechte Stücke und träufeln Sie den Zitronensaft darüber. Würzen Sie ihn mit Pfeffer, Salz und Paprikapulver.

2 Pellen Sie die Zwiebel und schneiden Sie sie in dünne Ringe. Säubern Sie die Paprika und schneiden Sie sie in Streifen.

3 Erhitzen Sie die Butter in einem Topf und dünsten Sie Zwiebeln sowie Paprika darin an. Löschen Sie beides mit der Gemüsebrühe und dem Wein ab. Verrühren Sie die Crème fraîche darin, reduzieren Sie die Temperatur auf die niedrigste Stufe und garen Sie alles für etwa 5 Minuten.

4 Währenddessen erhitzen Sie das Schmalz in einer Pfanne und braten den Fisch darin an. Verrühren Sie das Paprikamark im Topf, streuen Sie den Soßenbinder dazu und kochen Sie alles kurz auf, bis die Flüssigkeit sämig wird. Schmecken Sie die Soße mit Pfeffer sowie Salz ab und heben Sie anschließend den Fisch unter.

Zanderfilet Bakony

4 Port. 50 Min. Mittel

Zutaten

1,2 kg Zander, ganzer Fisch
300 g Pilze nach Wahl
300 ml Wasser
125 g saure Sahne
60 g Butter
30 g Mehl
10 g Paprikapulver, edelsüß
2 Zwiebeln
Petersilie, gehackt
Salz nach Belieben
Butter für den Topf
Kresse zum Garnieren

Nährwerte p. P.

440 kcal, 6 g kh,
28 g Fett, 38 g Eiweiß

1 Fisch säubern und filetieren. Einen Topf mit Butter bestreichen und Fischstücke hineinlegen.

2 1 Zwiebel pellen und in Ringe schneiden. Abfälle des Zanders (Kopf entsorgen) samt Zwiebel sowie Wasser zu einem Fischfond verarbeiten.

3 Zweite Zwiebel pellen und hacken. Pilze säubern und in Stücke schneiden. Butter in einer Pfanne erhitzen und Zwiebeln und Pilze darin andünsten. Petersilie untermischen und alles mit etwas Fischfond ablöschen. Paprikapulver und etwas Salz darin vermischen und alles für wenige Minuten braten.

4 Saure Sahne und Mehl darin vermengen, Soße rühren, bis sie sämig wird, und über die Fischstücke in den Topf gießen. Topf auf den Herd stellen, niedrigste Stufe einstellen und Fisch 10 Minuten garen. In der Zwischenzeit Kresse abspülen.

5 Zum Servieren Zander mit Pilzsoße auf Tellern anrichten und etwas Kresse darüberstreuen.

Fisch-Pörkölt

4 Port. 100 Min. Leicht

Zutaten

- 750 g Seelachsfilet
- 750 g Kartoffeln
- 850 g Sauerkraut
- 50 g Schmalz
- 2 Becher Crème fraîche
- 2 Zwiebeln
- 2 TL Tomatenmark
- 1 EL Paprikapulver, edelsüß
- 1 EL Pfeffer
- 1 EL Salz

Nährwerte p. P.

530 kcal, 29 g kh,
31 g Fett, 31 g Eiweiß

1 Kochen Sie die Kartoffeln als Pellkartoffeln. Nach dem Abkühlen pellen Sie sie und schneiden sie in Scheiben. Pellen Sie die Zwiebeln und schneiden Sie sie in kleine Würfel.

2 Erhitzen Sie das Schmalz in einem Topf und dünsten Sie die Zwiebeln darin an. Vermischen Sie das Tomatenmark darin und geben Sie das Sauerkraut dazu. Dünsten Sie die Zutaten für etwa 15 Minuten und schmecken Sie sie mit dem Pfeffer sowie dem Salz ab. Anschließend verteilen Sie das Kraut in einer Auflaufform.

3 Schneiden Sie den Fisch in mundgerechte Stücke und geben Sie diese auf das Sauerkraut. Schichten Sie die Kartoffelscheiben schuppenförmig darüber und würzen Sie alles noch einmal mit Pfeffer und Salz. Zum Schluss verteilen Sie die Crème fraîche auf der Oberfläche.

4 Heizen Sie den Backofen auf 180 °C Umluft vor und garen Sie das Pörkölt etwa 50 Minuten. Zum Servieren streuen Sie das Paprikapulver darüber.

Halászlé – Fischsuppe

4 Port. 30 Min. Leicht

Zutaten

500 g Fisch nach Wahl (Barsch, Wels, Karpfen), küchenfertig
60 ml Öl
1 l Wasser
2 Zwiebeln
1 Spritzer Zitronensaft
2 EL Mehl
1 EL Paprikapulver, edelsüß
Pfeffer nach Belieben
Salz nach Belieben

Nährwerte p. P.

300 kcal, 7 g kh,
20 g Fett, 28 g Eiweiß

1 Säubern Sie den Fisch, schneiden Sie ihn in mundgerechte Stücke und träufeln Sie den Zitronensaft darüber. Pellen Sie die Zwiebeln und hacken Sie sie klein.

2 Erhitzen Sie das Öl in einem Topf und braten Sie die Zwiebeln darin an. Vermischen Sie das Paprikapulver darin und geben Sie dann das Mehl dazu. Nach kurzem Rösten gießen Sie das Wasser hinein, reduzieren die Temperatur und lassen die Zutaten für etwa 15 Minuten köcheln.

3 Nehmen Sie den Topf von der Kochstelle und geben Sie den Fisch hinein. Würzen Sie nach Belieben mit Pfeffer und Salz. Legen Sie einen Deckel auf und lassen Sie den Fisch gar ziehen.

Töltött Hal – Gefüllter Fisch

4 Port. 70 Min. Leicht

Zutaten

2 ganze Fische (z. B. Makrele oder Karpfen), ausgenommen
2 Zwiebeln
2 Knoblauchzehen
1 kleine Zucchini
1 Karotte
150 g Hokkaido-Kürbis
1 Tomate
1 Bund Petersilie
1 TL Paprikapulver
Salz und Pfeffer
3 EL Olivenöl
1 EL Zitronensaft
4-6 Zweige Thymian

Für die Beilage:

400 g Kartoffeln
200 g Kürbis
1 TL Butter
Salz

Nährwerte p. P.

520 kcal, 40 g kh,
24 g Fett, 39 g Eiweiß

1 Heizen Sie den Backofen auf 190 °C Umluft vor. Spülen Sie die Fische innen und außen ab und tupfen Sie sie trocken. Schneiden Sie die Zwiebeln und den Knoblauch fein. Schneiden Sie Zucchini, Karotte und Kürbis für die Füllung in dünne Scheiben und die Tomate in Stücke. Hacken Sie die Petersilie.

2 Erhitzen Sie 2 EL Olivenöl in einer Pfanne und dünsten Sie Zwiebeln und Knoblauch glasig. Geben Sie Karotte, Zucchini und Kürbisscheiben hinzu und braten Sie alles 5 Minuten leicht an. Fügen Sie Tomate, Paprikapulver, Salz und Pfeffer hinzu und lassen Sie das Gemüse weich werden. Rühren Sie die Petersilie unter.

3 Füllen Sie die Fische mit dem warmen Gemüse. Reiben Sie die Außenseiten mit Zitronensaft, Salz und 1 EL Olivenöl ein. Legen Sie Thymianzweige darauf.

4 Backen Sie die Fische 25-30 Minuten, bis sie goldbraun sind.

5 Schälen Sie die Kartoffeln und schneiden Sie sie in Wellen- oder Scheibenform. Schneiden Sie den Kürbis für die Beilage in grobe Stücke. Kochen Sie die Kartoffeln in Salzwasser gar. Braten Sie die Kürbisstücke leicht an, bis sie weich und gebräunt sind.

6 Schwenken Sie die Kartoffeln in etwas Butter und richten Sie sie gemeinsam mit den gerösteten Kürbisstücken um die Fische herum an.

Weihnachtskarpfen

4 Port. 60 Min. Leicht

Zutaten

- 1,2 kg Karpfen, ganz
- 200 ml saure Sahne
- 125 ml Fleischbrühe
- 2 Zwiebeln
- 5 EL Zitronensaft
- 1 EL Paprikapulver, edelsüß
- ½ TL Pfeffer
- 1 TL Salz
- 1 EL Pflanzenöl
- Dillzweige zum Garnieren
- Lorbeerblätter zum Garnieren

Nährwerte p. P.

330 kcal, 4 g kh,
20 g Fett, 33 g Eiweiß

1 Heizen Sie den Backofen auf 180 °C Ober-/Unterhitze vor. Säubern Sie den Karpfen und beträufeln Sie ihn von außen und innen mit Zitronensaft. Anschließend würzen Sie den Fisch mit dem Salz.

2 Pellen Sie die Zwiebeln und hacken Sie sie klein. Rösten Sie sie im Öl und legen Sie dann den Fisch darauf.

3 Gießen Sie die Brühe dazu und würzen Sie die Zutaten mit dem Pfeffer. Legen Sie den Deckel auf den Bräter und stellen Sie ihn in den Backofen. Garen Sie den Karpfen für etwa 30 Minuten.

4 In der Zwischenzeit verrühren Sie das Paprikapulver mit der sauren Sahne. Am Ende der Garzeit geben Sie die Mischung in den Bräter und verrühren sie im Bratfett. Übergießen Sie den Karpfen damit und garen Sie ihn für weitere 10 Minuten ohne Deckel.

5 Zum Servieren richten Sie den Karpfen mit der Soße auf einer passenden Platte an und garnieren ihn mit Dillzweigen und Lorbeerblättern.

Fisch-Gulasch

4 Port. 45 Min. Leicht

Zutaten

800 g Kartoffeln
3 Zwiebeln
2 Knoblauchzehen
2 rote Paprikaschoten
2 EL Rapsöl
2 EL Tomatenmark
1 EL Paprikapulver, edelsüß
200 ml Gemüsebrühe
400 g stückige Tomaten
½ TL Kreuzkümmel
Salz & gemahlener Pfeffer
600 g Lachsfilet
1 Zitrone, Saft
½ Bund Schnittlauch
4 EL saure Sahne (10 % Fett)

1 Kartoffeln schälen und würfeln. Zwiebeln in Ringe schneiden, Knoblauch hacken. Paprika waschen, halbieren, entkernen und würfeln.

2 Öl in einer Pfanne erhitzen und Zwiebeln und Knoblauch 3 Minuten darin andünsten. Paprika und Kartoffeln zufügen und alles unter Rühren 5 Minuten mitbraten. Tomatenmark kurz anrösten, Paprikapulver zufügen, mit Brühe ablöschen und stückige Tomaten dazugeben. Mit Kreuzkümmel, Pfeffer und Salz würzen und zugedeckt 15 Minuten köcheln lassen.

3 Fisch abbrausen, trocken tupfen und in 2 cm große Stücke schneiden. Mit Zitronensaft beträufeln. Fisch unter das Gulasch heben und weitere 5 Minuten bei kleiner Hitze gar ziehen lassen.

4 Mit Salz und Pfeffer würzen und mit gehacktem Schnittlauch und saurer Sahne garnieren.

Nährwerte p. P.

518 kcal, 28 g kh, 26 g Fett, 40 g Eiweiß

Wels-Paprikasch

4 Port. 45 Min. Leicht

Zutaten

600 g Welsfilet
300 ml Wasser
300 ml saure Sahne
100 g Speck
1 Zwiebel
2 Spitzpaprika, rot
2 Tomaten
1 Schuss Weißwein
1 EL Mehl
2 EL Öl
1 TL Paprikapulver
Salz nach Belieben

Beilage:

300 g Nudeln, gekocht
2 EL Speck, gewürfelt
2 EL Quark
2 EL Öl

Nährwerte p. P.

376 kcal, 7 g kh,
24 g Fett, 31 g Eiweiß

1 Schneiden Sie den Speck in Würfel. Pellen Sie die Zwiebel und hacken Sie sie klein. Säubern Sie die Paprika sowie die Tomaten und schneiden Sie beides in Stücke. Würzen Sie die Fischfilets nach Belieben mit Salz.

2 Erhitzen Sie 1 EL Öl in einer Pfanne und braten Sie den Speck darin an. Fügen Sie die Zwiebel bei und vermischen Sie die Paprika darin. Eine kleine Menge davon legen Sie vorher beiseite. Geben Sie die Tomaten dazu, streuen Sie das Paprikapulver darüber und füllen Sie den Wein hinein. Gießen Sie mit Wasser auf, reduzieren Sie die Temperatur auf die niedrigste Stufe und lassen Sie die Zutaten für etwa 15 Minuten köcheln. Würzen Sie alles nach Belieben mit dem Salz.

3 In der Zwischenzeit verrühren Sie die saure Sahne mit dem Mehl. Kochen Sie den Pfanneninhalt noch einmal auf und vermischen Sie die Sahne-Mehlmischung darin. Sobald die Soße sämig wird, geben Sie sie durch ein Sieb in eine Schüssel.

4 Erhitzen Sie den zweiten EL Öl in einer weiteren Pfanne und dünsten Sie die übrigen Paprikastücke darin an. Legen Sie die Welsfilets auf die Paprika und dünsten Sie die Zutaten weiter, bis der Fisch weich wird. Achten Sie darauf, dass die Stücke nicht zerfallen. Gießen Sie die Soße darüber und garen Sie alles für etwa 5 Minuten.

5 Zwischendurch erhitzen Sie das Öl für die Beilage und braten die Nudeln zusammen mit dem Speck darin an. Verrühren Sie den Quark darin und richten Sie die fertige Beilage auf einem Teller an. Geben Sie den Fisch sowie die Soße dazu.

Halburger – Fischburger

4 Port. 35 Min. Leicht

Zutaten

500 g Fischfilet (z. B. Hecht, Wels oder Zander)
1 kleine Zwiebel
1 Ei
2 EL Semmelbrösel
1 TL Paprikapulver
Salz und Pfeffer
1 EL Öl zum Braten
4 Burgerbrötchen
4 Scheiben Käse
1 Tomate
1 gelbe Paprika
4-6 Champignons
Blattsalat oder Rucola
Ketchup, Petersilie

1 Fischfilet fein hacken. Zwiebel schälen und klein hacken. Fisch, Zwiebel, Ei, Semmelbrösel, Paprikapulver, Salz und Pfeffer zu einer formbaren Masse vermengen und daraus 4 Pattys formen.

2 Öl in einer Pfanne erhitzen und Pattys von beiden Seiten etwa 3-4 Minuten pro Seite goldbraun braten, herausnehmen und kurz ruhen lassen.

3 Tomate und Paprika in Scheiben schneiden. Champignons ebenfalls in Scheiben schneiden und kurz in etwas Öl anbraten.

4 Burgerbrötchen leicht toasten. Jede Brötchenunterseite mit Ketchup bestreichen, Fischpatty auflegen, eine Scheibe Käse, Tomatenscheiben, Paprikascheiben und Champignons darübergeben und etwas Salat oder Rucola ergänzen. Obere Brötchenhälfte aufsetzen und Burger mit etwas Petersilie garnieren.

Nährwerte p. P.

450 kcal, 46 g kh, 14 g Fett, 29 g Eiweiß

Gebratene Karpfenscheiben

4 Port. 30 Min. Leicht

Zutaten

- 800 g Karpfen in Scheiben (4-6 Stück)
- Salz und Pfeffer
- 2-3 EL Zitronensaft
- 120 g Mehl
- 2 Eier
- 120 g Semmelbrösel
- Öl oder Schmalz zum Braten
- Zitronenscheiben und Petersilie zum Garnieren
- einige Blätter Kopfsalat zum Anrichten

Nährwerte p. P.

420 kcal, 22 g kh,
20 g Fett, 34 g Eiweiß

1 Waschen Sie die Karpfenscheiben kurz unter kaltem Wasser und tupfen Sie sie gründlich trocken. Reiben Sie sie mit Salz, Pfeffer und Zitronensaft ein und lassen Sie sie 10 Minuten ziehen.

2 Bereiten Sie drei Teller vor: einen mit Mehl, einen mit verquirlten Eiern und einen mit Semmelbröseln. Wenden Sie jede Karpfenscheibe zuerst im Mehl, dann im Ei und zuletzt in den Semmelbröseln, sodass eine gleichmäßige Panade entsteht.

3 Erhitzen Sie reichlich Öl oder Schmalz in einer großen Pfanne. Braten Sie die Karpfenscheiben bei mittlerer Hitze 4-5 Minuten pro Seite, bis sie goldbraun und knusprig sind.

4 Legen Sie ein paar Blätter Kopfsalat auf einen Teller und richten Sie die gebratenen Karpfenstücke darauf an. Garnieren Sie mit Zitronenscheiben und frischer Petersilie.

Halas Tészta – Fisch-Oliven-Pasta

4 Port. 25 Min. Leicht

Zutaten

- 350 g Penne
- 1 Dose Thunfisch in eigenem Saft oder Öl (ca. 180 g Abtropfgewicht)
- 120 g grüne Oliven ohne Stein
- 2 Knoblauchzehen
- 3 EL Olivenöl
- 1 TL Zitronensaft
- Salz und Pfeffer
- 1 TL Oregano, getrocknet
- einige Blätter frisches Basilikum zum Garnieren

Nährwerte p. P.

520 kcal, 63 g kh,
17 g Fett, 28 g Eiweiß

1 Kochen Sie die Pasta in reichlich Salzwasser nach Packungsanweisung al dente. Gießen Sie sie ab, aber fangen Sie etwas Kochwasser auf.

2 Schälen Sie die Knoblauchzehen und schneiden Sie sie in feine Scheiben. Erhitzen Sie das Olivenöl in einer Pfanne und geben Sie den Knoblauch hinein. Braten Sie ihn bei niedriger Hitze leicht an, bis er duftet, aber nicht dunkel wird.

3 Zupfen Sie den Thunfisch mit einer Gabel in Stücke und geben Sie ihn in die Pfanne. Fügen Sie die Oliven hinzu und würzen Sie mit Salz, Pfeffer, Zitronensaft und Oregano. Erwärmen Sie alles kurz.

4 Geben Sie die gekochte Pasta in die Pfanne und mischen Sie alles gründlich. Fügen Sie nach Bedarf etwas Nudelwasser hinzu, damit die Sauce sich gut verbindet.

5 Richten Sie die Pasta auf Tellern an und garnieren Sie sie mit frischem Basilikum.

Vegetarische Hauptgerichte

Eierauflauf

4 Port. 50 Min. Leicht

Zutaten

250 g Pilze, gemischt, Konserve
40 g Emmentaler, gerieben
50 g Margarine
1 Handvoll Rucola
4 Eier
1 Zwiebel
2 Tomaten
2 EL Petersilie, gehackt
1 Prise Paprikapulver
Pfeffer nach Belieben
Salz nach Belieben

Nährwerte p. P.

220 kcal, 6 g kh,
16 g Fett, 14 g Eiweiß

1 Pellen Sie die Zwiebel und schneiden Sie sie in kleine Würfel. Geben Sie die Pilze zum Abtropfen in ein Sieb und schneiden Sie sie anschließend in Scheiben. Enthäuten Sie die Tomaten und schneiden Sie sie in grobe Stücke.

2 Erhitzen Sie 40 g Margarine in einer Pfanne und dünsten Sie die Zwiebeln glasig an. Geben Sie die Pilze dazu und heben Sie die Tomaten unter. Würzen Sie die Zutaten mit dem Paprikapulver und nach Belieben mit Pfeffer sowie Salz. Am Ende vermischen Sie die Petersilie und den Rucola darin.

3 Fetten Sie eine Auflaufform mit 10 g Margarine ein und heizen Sie den Backofen auf 200 °C Umluft vor. Geben Sie den Pfanneninhalt in die Form und schlagen Sie die Eier auf die Oberfläche. Streuen Sie nach Belieben etwas Salz darüber.

4 Verteilen Sie den Käse auf dem Auflauf und überbacken Sie ihn für etwa 25 Minuten auf der mittleren Schiene.

Süßer Nudelauflauf

4 Port. 70 Min. Leicht

Zutaten

250 g Bandnudeln
120 g Mohn
50 g Butter
40 g Rosinen
30 g Puderzucker
30 g Zucker
4 Eiweiß
2 TL Zimt
1 TL Salz
Wasser

Nährwerte p. P.

350 kcal, 50 g kh,
15 g Fett, 8 g Eiweiß

1 Brechen Sie die Bandnudeln in kleine Stücke und kochen Sie sie im Wasser gar. Geben Sie dem Kochwasser das Salz bei. Gießen Sie die Nudeln ab und füllen Sie sie in eine Schüssel.

2 Geben Sie die Butter in eine weitere Schüssel, fügen Sie den Zucker hinzu und schlagen Sie beides zu einer schaumigen Masse.

3 Schlagen Sie das Eiweiß mit dem Puderzucker zu einem steifen Schnee. Vermischen Sie die schaumige Butter mit den Nudeln und heben Sie den Eischnee unter.

4 Geben Sie die halbe Menge der Nudelmischung in eine Auflaufform. Verteilen Sie Mohn, Rosinen und Zimt darüber und geben Sie die zweite Hälfte der Nudelmischung darüber.

5 Heizen Sie den Backofen auf 180 °C Umluft vor und backen Sie den Auflauf 40 Minuten auf der mittleren Schiene.

Lescó mit Ei

4 Port. | 30 Min. | Leicht

Zutaten

- 5 Eier
- 3 Paprika, rot
- 1 Zwiebel
- 2 Tomaten
- Pfeffer nach Belieben
- Salz nach Belieben
- Öl zum Braten

Nährwerte p. P.

220 kcal, 10 g kh,
16 g Fett, 12 g Eiweiß

1 Pellen Sie die Zwiebel und hacken Sie sie klein. Säubern Sie die Tomaten sowie die Paprika und schneiden Sie beides in kleine Stücke.

2 Erhitzen Sie das Öl in einer Pfanne und dünsten Sie die Zwiebeln darin glasig an. Fügen Sie die Paprikastücke bei, legen Sie einen Deckel auf und braten Sie alles für wenige Minuten. Dann vermischen Sie die Tomaten darin und würzen die Speise mit Pfeffer sowie Salz.

3 Zwischendurch schlagen Sie die Eier in eine Schüssel und verquirlen sie miteinander. Gießen Sie sie über das Lescó und garen Sie die Speise, bis die Eier gestockt sind.

Sztrapacska – Kartoffelgericht

3 Port. 60 Min. Leicht

Zutaten

500 g Mehl
5 Kartoffeln, mittelgroß
3 Eier
1 Zwiebel
2 TL Kräuter, gehackt, nach Wahl
1 EL Butter
Salz nach Belieben
Wasser zum Kochen

Nährwerte p. P.

310 kcal, 55 g kh, 6 g Fett, 8 g Eiweiß

1 Pellen Sie die Zwiebel und hacken Sie sie klein. Dünsten Sie sie mit Butter glasig an und vermischen Sie die Kräuter darin. Schälen Sie die Kartoffeln und reiben Sie sie fein in eine Schüssel.

2 Vermischen Sie die geriebenen Kartoffeln mit dem Mehl und den Eiern. Fügen Sie etwas Salz bei und vermischen Sie alles zu einem fließenden Teig.

3 Kochen Sie das Wasser auf und geben Sie den Teig teelöffelweise hinein. Sobald die Klößchen an der Oberfläche schwimmen, sind sie fertig und können entnommen werden.

4 Nach dem Abtropfen vermengen Sie die Kartoffelklöße mit dem Zwiebelgemisch. Erwärmen Sie die Speise und richten Sie sie auf einer Servierplatte an.

Fokhagymás tojás – Knoblauch-Eier

2 Port. 30 Min. Leicht

Zutaten

6 Knoblauchzehen
4 Eier
2 EL Butter
Petersilie, frisch, zum Garnieren
Pfeffer nach Belieben
Salz nach Belieben

Nährwerte p. P.

290 kcal, 2 g kh,
24 g Fett, 18 g Eiweiß

1 Pellen Sie den Knoblauch und hacken Sie ihn in feine Stücke. Schlagen Sie die Eier in eine Schüssel und verquirlen Sie sie miteinander. Spülen Sie die Petersilie ab und entfernen Sie die Blätter.

2 Erhitzen Sie die Butter in einer Pfanne und dünsten Sie den Knoblauch darin an. Geben Sie die Eier dazu, reduzieren Sie die Temperatur und lassen Sie sie in der Pfanne stocken. Rühren Sie gelegentlich um.

3 Würzen Sie die Speise nach Belieben mit Pfeffer und Salz. Zum Servieren geben Sie die Knoblaucheier in eine Schüssel und garnieren sie mit der Petersilie.

Pierogi – Gefüllte Teigtaschen

80 Port. 80 Min. Leicht

Zutaten

850 g Kartoffeln
700 g Mehl
300 g Quark
200 ml Wasser
25 g Butter, weich
2 Eier
2 Zwiebeln
1 Schuss Öl
Pfeffer nach Belieben
Salz nach Belieben
Salzwasser zum Kochen

Nährwerte p. P.

70 kcal, 10 g kh,
2 g Fett, 2 g Eiweiß

1 Mehl in eine Schüssel geben, etwas Salz, Eier, Butter und Wasser darin vermischen und alles zu einem geschmeidigen Teig verkneten.

2 Kartoffeln schälen und in Salzwasser gar kochen. Zwiebeln pellen und klein hacken. Kartoffeln abgießen und zu einem Püree zerstampfen.

3 Etwas Öl in einer Pfanne erhitzen und Zwiebeln darin andünsten. Zwiebeln mit Kartoffelpüree vermischen und Quark darin vermengen. Alles mit Pfeffer und Salz abschmecken.

4 Teig auf einer bemehlten Arbeitsfläche ausrollen, mit einem Glas Kreise ausstechen und auf jeden Kreis 1 TL Kartoffelmischung geben. Teigstücke zusammenfalten und Ränder festdrücken.

5 Salzwasser in einem Topf erhitzen. Teiglinge hineingeben und garen. Wenn sie an der Oberfläche schwimmen, noch weitere 4 Minuten garen.

6 Pierogi zu Fleischgerichten oder Suppen servieren.

Túrós Csusza – Quarknudeln

4 Port. 20 Min. Leicht

Zutaten

400 g breite Bandnudeln oder Fusilli	
250 g körniger Quark oder weicher Topfen	
200 g Schmand oder Sauerrahm	
1 TL Salz	
1 Prise Pfeffer	
1 EL Butter	

Nährwerte p. P.

470 kcal, 58 g kh,
16 g Fett, 20 g Eiweiß

1 Kochen Sie die Nudeln in reichlich gesalzenem Wasser bissfest und lassen Sie sie anschließend gut abtropfen.

2 Erhitzen Sie die Butter in einer großen Pfanne.

3 Vermischen Sie in einer Schüssel Quark und Schmand und würzen Sie die Mischung mit Salz und Pfeffer.

4 Geben Sie die abgetropften Nudeln in die Pfanne und mischen Sie den Quark-Schmand-Mix unter die noch warmen Nudeln.

5 Servieren Sie die Quarknudeln frisch und heiß.

Rakott Zöldség – Gemüseauflauf

4 Port. 60 Min. Leicht

Zutaten

600 g Kartoffeln
2 Karotten
1 Zucchini
1 kleiner Knollensellerie
2 Paprika, rot + gelb
1 kleine Zwiebel
2 Knoblauchzehen
250 g Sauerrahm
150 g geriebener Käse
2 Eier
2 EL Öl
Salz und Pfeffer
1 TL Paprikapulver
frische Petersilie

Nährwerte p. P.

370 kcal, 36 g kh,
19 g Fett, 13 g Eiweiß

1 Kartoffeln, Karotten, Sellerie, Zucchini und Paprika würfeln, Zwiebel und Knoblauch fein schneiden.

2 Öl in einer Pfanne erhitzen und Zwiebel und Knoblauch darin andünsten. Vorbereitete Gemüsewürfel zufügen, alles etwa 5 Minuten anbraten und mit Salz, Pfeffer und Paprikapulver würzen.

3 In einer Schüssel Sauerrahm, Eier und Hälfte des Käses zu einer glatten Mischung verrühren und diese leicht mit Salz und Pfeffer abschmecken.

4 Gemüse in eine gefettete Auflaufform geben, Sauerrahm-Käse-Mischung darübergießen, alles gleichmäßig verteilen und mit restlichem Käse bestreuen.

5 Gemüseauflauf im vorgeheizten Ofen bei 180 °C Ober-/Unterhitze für 35-40 Minuten backen, bis er goldbraun ist. Vor dem Servieren mit gehackter Petersilie garnieren.

Mákos Tészta – Mohnnudeln

4 Port. 20 Min. Leicht

Zutaten

- 400 g breite Bandnudeln oder Fleckerl
- 100 g gemahlener Mohn
- 80 g Puderzucker
- 60 g Butter
- 1 Prise Salz

Nährwerte p. P.

520 kcal, 72 g kh, 18 g Fett, 14 g Eiweiß

1 Kochen Sie die Nudeln in reichlich Salzwasser bissfest und gießen Sie sie anschließend ab.

2 Schmelzen Sie die Butter in einem großen Topf oder einer Pfanne.

3 Heben Sie die abgetropften Nudeln unter die geschmolzene Butter.

4 Mischen Sie den gemahlenen Mohn mit dem Puderzucker in einer Schüssel.

5 Streuen Sie die Mohn-Zucker-Mischung über die warmen Nudeln und vermengen Sie alles gleichmäßig, bis sich der Mohn gut verteilt hat.

6 Servieren Sie das Gericht sofort, optional mit etwas zusätzlichem Puderzucker.

Rántott Karfiol – Blumenkohlwings

4 Port. 35 Min. Leicht

Zutaten

1 mittelgroßer Blumenkohl
120 g Mehl
3 Eier
150 g Semmelbrösel
Salz und Pfeffer
1 TL Paprikapulver edelsüß
Öl zum Frittieren oder Braten

Nährwerte p. P.

340 kcal, 33 g kh, 17 g Fett, 12 g Eiweiß

1 Trennen Sie den Blumenkohl in mundgerechte Röschen. Kochen Sie die Blumenkohlröschen in leicht gesalzenem Wasser 5-6 Minuten vor, bis sie bissfest sind, und lassen Sie sie anschließend gut abtropfen.

2 Geben Sie das Mehl in eine Schüssel und würzen Sie es mit Salz, Pfeffer und Paprikapulver.

3 Verquirlen Sie die Eier in einer separaten Schüssel. Geben Sie die Semmelbrösel in eine dritte Schüssel.

4 Wenden Sie die Blumenkohlröschen zuerst im Mehl, dann in den verquirlten Eiern und zum Schluss in den Semmelbröseln, bis sie rundum gut paniert sind.

5 Erhitzen Sie das Öl in einer Pfanne oder einem Topf und frittieren Sie die panierten Röschen portionsweise 3-4 Minuten goldbraun. Lassen Sie sie danach auf Küchenpapier abtropfen.

Zöldséges Rétes – Gemüse-Strudel

4 Port. 60 Min. Leicht

Zutaten

- 1 Packung Strudelteig
- 250 g Champignons
- 1 rote Paprika
- 1 Zwiebel
- 2 Knoblauchzehen
- 150 g Spinat
- je 2 EL Butter & Öl
- Salz, Pfeffer
- 1 TL Paprikapulver
- ½ TL Thymian
- ½ TL Majoran
- 100 g geriebener Käse
- 1 Ei zum Bestreichen

Nährwerte p. P.

380 kcal, 33 g kh,
22 g Fett, 12 g Eiweiß

1 Zwiebel fein schneiden. Knoblauch und Champignons in Scheiben schneiden. Paprika würfeln. Spinat gründlich waschen und grob schneiden.

2 Öl und Butter in einer Pfanne erhitzen und Zwiebel darin glasig dünsten. Knoblauch, Paprika und Pilze zufügen und alles 5-7 Minuten anbraten. Spinat zufügen und zusammenfallen lassen.

3 Mischung mit Salz, Pfeffer, Paprikapulver, Thymian und Majoran würzen. Pfanne vom Herd nehmen und Füllung leicht abkühlen lassen. Käse unterrühren.

4 Backofen auf 180 °C Ober-/Unterhitze vorheizen. Strudelteig auf einem Backpapier ausbreiten und Gemüsemischung längs auf dem unteren Drittel verteilen. Seiten leicht einschlagen und Teig vorsichtig aufrollen. Strudel mit verquirltem Ei bestreichen.

5 Gemüse-Strudel 30-35 Minuten backen, kurz abkühlen lassen und in Scheiben schneiden.

Hajdina Kása – Buchweizenpfanne

4 Port. 40 Min. Leicht

Zutaten

250 g Buchweizen	
1 Zwiebel	
2 Knoblauchzehen	
2 Paprika, rot + gelb	
2 Tomaten	
2 EL Öl	
1 TL Paprikapulver, edelsüß	
½ TL Kreuzkümmel	
Salz, Pfeffer	
1 Bund Petersilie	
400 ml Gemüsebrühe	
2-3 EL Ajvar oder Paprikapaste (mild oder scharf)	

Nährwerte p. P.

330 kcal, 52 g kh,
9 g Fett, 10 g Eiweiß

1 Buchweizen in einem Sieb unter fließendem Wasser abspülen. Zwiebel fein schneiden. Knoblauch in dünne Scheiben schneiden. Paprika und Tomaten würfeln. Petersilie grob hacken.

2 Öl in einer großen Pfanne erhitzen und Zwiebel darin glasig dünsten. Knoblauch, Paprikawürfel und Tomaten zufügen und alles 3-4 Minuten anbraten.

3 Paprikapulver und Kreuzkümmel einrühren. Buchweizen in die Pfanne geben und kurz mitbraten.

4 Gemüsebrühe angießen, umrühren und Mischung bei mittlerer Hitze 15-18 Minuten köcheln lassen, bis der Buchweizen weich ist und die Flüssigkeit aufgenommen hat.

5 Ajvar unterrühren und Buchweizenpfanne mit Salz und Pfeffer abschmecken.

6 Petersilie unterheben und Gericht sofort servieren.

Diós Tészta – Walnussnudeln

4 Port. 15 Min. Leicht

Zutaten

- 400 g Bandnudeln oder Spaghetti
- 120 g Walnüsse
- 50 g Butter oder Margarine
- 3 EL Zucker oder Honig
- 1 Prise Salz
- optional: ½ TL Zimt, 2-3 EL Semmelbrösel

Nährwerte p. P.

480 kcal, 62 g kh, 20 g Fett, 11 g Eiweiß

1 Kochen Sie die Nudeln in leicht gesalzenem Wasser nach Packungsanleitung al dente und gießen Sie sie anschließend ab.

2 Hacken Sie die Walnüsse grob oder mahlen Sie sie fein, je nach gewünschter Konsistenz.

3 Erhitzen Sie die Butter in einer Pfanne bei mittlerer Hitze, bis sie schmilzt.

4 Rühren Sie Zucker oder Honig ein, bis er leicht karamellisiert.

5 Geben Sie die gemahlenen Walnüsse in die Pfanne und rühren Sie alles gut durch. Fügen Sie optional Zimt und/oder Semmelbrösel hinzu, falls Sie die klassische ungarische Bindung wünschen.

6 Heben Sie die frisch gekochten Nudeln unter die Walnussmischung und mischen Sie alles gründlich, bis die Nudeln gut überzogen sind.

7 Servieren Sie das Gericht sofort und garnieren Sie es nach Belieben mit einer halben Walnuss.

Sajtos Nudli – Käse-Gnocchi

4 Port. 25 Min. Leicht

Zutaten

- 600 g Gnocchi (frisch oder aus dem Kühlregal)
- 200 g Sauerrahm
- 150 g geriebener Emmentaler oder Trappista-Käse
- 50 g Butter
- Salz, Pfeffer
- optional: einige Salbeiblätter oder Petersilie

Nährwerte p. P.

520 kcal, 62 g kh,
24 g Fett, 17 g Eiweiß

1 Erhitzen Sie einen großen Topf mit Wasser und salzen Sie es. Geben Sie die Gnocchi in das kochende Wasser und garen Sie sie, bis sie an die Oberfläche steigen. Heben Sie sie mit einem Schaumlöffel heraus und lassen Sie sie kurz abtropfen.

2 Schmelzen Sie die Butter in einer großen Pfanne. Geben Sie die Gnocchi in die Pfanne und schwenken Sie sie in der Butter, bis sie leicht goldfarben sind.

3 Rühren Sie den Sauerrahm glatt und geben Sie ihn zu den Gnocchi. Verrühren Sie alles zu einer cremigen Sauce.

4 Streuen Sie den geriebenen Käse darüber und rühren Sie, bis er vollständig schmilzt und die Gnocchi gleichmäßig bedeckt sind. Schmecken Sie mit Salz und Pfeffer ab.

5 Garnieren Sie das Gericht mit gehackter Petersilie oder einigen angebratenen Salbeiblättern.

Houby Paprikás – Paprikapilze

4 Port. 40 Min. Leicht

Zutaten

- 450 g Pilze, gemischt
- 250 g saure Sahne
- 30 g Butter
- 10 g Steinpilze, getrocknet
- 1 Zwiebel
- 3 EL Dill, frisch, gehackt
- 1 EL Paprikapulver, edelsüß
- 1 Prise Cayennepfeffer
- Salz & Pfeffer
- heißes Wasser zum Einweichen

Nährwerte p. P.

200 kcal, 9 g kh,
18 g Fett, 4 g Eiweiß

1 Geben Sie die getrockneten Pilze in eine hitzebeständige Schüssel und weichen Sie sie in dem heißen Wasser für 15 Minuten ein. Anschließend gießen Sie die Pilze ab und hacken sie grob durch.

2 Pellen Sie die Zwiebel und hacken Sie sie in kleine Stücke. Säubern Sie die Pilze und schneiden Sie sie in mundgerechte Stücke.

3 Erhitzen Sie die Butter in einem Topf und braten Sie die Zwiebeln glasig an. Geben Sie die frischen sowie die eingeweichten Pilze dazu und würzen Sie die Zutaten mit Salz. Braten Sie die Pilze so lange, bis die Flüssigkeit verkocht ist.

4 Vermischen Sie das Paprikapulver und den Cayennepfeffer darin. Nach kurzem Rösten verrühren Sie die saure Sahne darin und fügen den Dill dazu. Lassen Sie die Speise für etwa 5 Minuten köcheln und schmecken Sie sie dann noch einmal mit Pfeffer sowie Salz ab.

Vegane Hauptgerichte

Tomatenreis

4 Port. 45 Min. Leicht

Zutaten

- 280 g Reis
- 280 g Tomaten, passiert
- 280 g Ajvar, scharf
- 100 ml Rotwein
- 20 g Pflanzenöl
- 4 Frühlingszwiebeln
- 2 Zwiebeln, rot
- 1 Knoblauchzehe
- 1 Bund Petersilie
- Pfeffer nach Belieben
- Salz nach Belieben

Nährwerte p. P.

*370 kcal, 60 g kh,
8 g Fett, 6 g Eiweiß*

1 Pellen Sie die Zwiebeln sowie den Knoblauch und hacken Sie beides klein. Säubern Sie die Frühlingszwiebeln und schneiden Sie sie in kleine Stücke. Spülen Sie die Petersilie ab, entfernen Sie die Blätter und hacken Sie sie klein.

2 Erhitzen Sie das Öl in einem Topf und dünsten Sie die Zwiebeln darin an. Geben Sie den Knoblauch dazu und vermischen Sie den Reis darin. Nach etwa 1 Minute fügen Sie die passierten Tomaten bei und rühren den Wein hinein. Anschließend vermischen Sie das Ajvar darin und kochen alles kurz auf.

3 Reduzieren Sie die Temperatur, schmecken Sie die Speise mit Pfeffer sowie Salz ab und heben Sie zum Schluss die Frühlingszwiebeln unter. Legen Sie einen Deckel auf und stellen Sie die Kochstelle aus. Lassen Sie den Reis für etwa 30 Minuten quellen, vermischen Sie vorsichtig die Petersilie darin und servieren Sie ihn dann in einer Schüssel.

Gulyas – Bohnengulasch

3 Port. 100 Min. Leicht

Zutaten

2 Paprika, rot + grün
720 ml Wasser
480 ml Brühe
160 g Tomaten, gewürfelt
250 g Kidneybohnen, getrocknet + eingeweicht
1 Karotte
1 Frühlingszwiebel
2 Zwiebeln
5 Knoblauchzehen
3 EL Öl
2 EL Paprikapulver
1 TL Kümmel
1 TL Salz & ½ TL Pfeffer

Nährwerte p. P.

314 kcal, 27 g kh,
14 g Fett, 13 g Eiweiß

1 Gießen Sie das Wasser in einen Topf, geben Sie die eingeweichten Bohnen hinein und lassen Sie sie für etwa 1 Stunde köcheln.

2 Inzwischen Zwiebeln und Knoblauch pellen. Öl in einer Pfanne erhitzen und Zwiebeln darin andünsten. Knoblauch und Tomaten darin vermengen und alles für etwa 6 Minuten garen.

3 Säubern Sie Karotte und Paprika und schneiden Sie alles in kleine Stücke. Vermischen Sie das Gemüse in der Pfanne und würzen Sie die Zutaten mit Paprikapulver und Kümmel. Nach wenigen Minuten fügen Sie die Bohnen samt Kochflüssigkeit und die Brühe bei. Würzen Sie die Speise mit Pfeffer und Salz und garen Sie sie für etwa 40 Minuten.

4 Währenddessen Frühlingszwiebel säubern und grünen Teil in Stücke schneiden, den weißen Teil können Sie anderweitig verwenden. Zum Servieren Gulasch in eine Servierschüssel geben und Frühlingszwiebeln darauf verteilen.

Tofu-Gulasch

4 Port. 60 Min. Leicht

Zutaten

- 500 g Kartoffeln
- 200 g fester Tofu
- 1 Dose Kidneybohnen
- 1 Zwiebel
- 2 Knoblauchzehen
- 1 Karotte
- 1 Paprika
- 500 ml Gemüsebrühe
- 1 Dose gehackte Tomaten
- 2 EL Tomatenmark
- 1 TL Paprikapulver, edelsüß
- 1 TL geräuchertes Paprikapulver
- ½ TL Kümmel
- 1 Lorbeerblatt
- 2 EL Öl
- Salz & Pfeffer

Nährwerte p. P.

350 kcal, 50 g kh,
12 g Fett, 12 g Eiweiß

1 Schälen Sie die Kartoffeln und schneiden Sie sie in 2 cm große Würfel. Schneiden Sie den Tofu in 1,5 cm große Würfel und braten Sie ihn mit etwas Öl in einer Pfanne goldbraun. Stellen Sie ihn beiseite.

2 Spülen Sie die Bohnen in einem Sieb unter fließendem Wasser ab und lassen Sie sie gut abtropfen. Schälen Sie Zwiebel und Knoblauch und hacken Sie beides fein. Schälen Sie die Karotte, halbieren Sie sie längs und schneiden Sie sie in kleine Würfel. Waschen Sie die Paprika, entfernen Sie das Kerngehäuse und schneiden Sie sie in Streifen.

3 Bereiten Sie die Gemüsebrühe vor, indem Sie heißes Wasser mit Instantpulver vermischen. Erhitzen Sie das Öl in einem großen Topf und braten Sie die Zwiebelwürfel darin 2 Minuten. Geben Sie Knoblauch, Karottenwürfel und Paprikastreifen dazu und dünsten Sie alles 2-3 Minuten an.

4 Rühren Sie Tomatenmark, edelsüßes und geräuchertes Paprikapulver sowie Kümmel ein und rösten Sie die Gewürze kurz an. Fügen Sie Kartoffelwürfel und Tofu hinzu und vermengen Sie alles. Löschen Sie das Ganze mit der vorbereiteten Gemüsebrühe ab und geben Sie gehackte Tomaten und Lorbeerblatt dazu. Lassen Sie das Gulasch 20-25 Minuten köcheln, bis die Kartoffeln weich sind. Rühren Sie gelegentlich um.

5 Rühren Sie die Kidneybohnen unter und lassen Sie das Gulasch weitere 5 Minuten ziehen.

6 Schmecken Sie das Gulasch mit Salz und Pfeffer ab, entfernen Sie das Lorbeerblatt und servieren Sie es heiß.

Rakott Krumpli – Kartoffel-Gratin

4 Port. 60 Min. Leicht

Zutaten

- 1 kg Kartoffeln (festkochend)
- 1 große Zwiebel
- 2 Knoblauchzehen
- 200 g veganer Joghurt
- 150 g Räuchertofu
- 2 EL Öl
- 1 TL Kurkuma (für Farbe)
- 1 TL Paprikapulver edelsüß
- Salz, Pfeffer
- optional: 2 EL Hefeflocken (für eine käsige Note)

Nährwerte p. P.

330 kcal, 45 g kh,
12 g Fett, 12 g Eiweiß

1 Kartoffeln schälen, in Scheiben schneiden und in Salzwasser 8-10 Minuten kochen, bis sie fast gar sind. Abgießen und etwas abkühlen lassen.

2 Tofu würfeln. 1 EL Öl in einer Pfanne erhitzen und Tofu 4-5 Minuten darin anbraten, bis er goldbraun ist. Mit Paprikapulver und Pfeffer würzen.

3 Zwiebel würfeln und Knoblauch hacken. 1 EL Öl in einer Pfanne erhitzen und Zwiebel darin anschwitzen, bis sie glasig ist. Knoblauch dazugeben und kurz umrühren.

4 Veganen Joghurt mit Salz, Pfeffer, Kurkuma und optional Hefeflocken vermischen.

5 Eine kleine Auflaufform einfetten und abwechselnd Kartoffeln, Zwiebelmischung, Tofu und Creme hineinschichten, bis alle Zutaten verbraucht sind. Die letzte Schicht sollte aus Creme bestehen.

6 Gericht bei 180 °C Ober-/Unterhitze 25-30 Minuten backen, bis die Oberfläche goldbraun ist.

Zöldbabfőzelék – Bohnen-Eintopf

4 Port. 35 Min. Leicht

Zutaten

500 g vorgekochte weiße Bohnen
1 große Zwiebel
2 Knoblauchzehen
2 EL Olivenöl
1 TL Mehl oder 1 TL Speisestärke (für vegane Bindung)
2 TL edelsüßes Paprikapulver
500 ml Gemüsebrühe
1 TL Weißweinessig oder Zitronensaft
1 Lorbeerblatt
Salz & schwarzer Pfeffer
2 EL gehackter Dill (optional, traditionell ungarisch)

1 Zwiebel würfeln und Knoblauch in Scheiben schneiden. Bohnen kurz unter Wasser abspülen.

2 Öl in einem Topf erhitzen, Zwiebelwürfel darin glasig dünsten und Knoblauch dazugeben.

3 Topf kurz vom Herd ziehen und Paprikapulver unterrühren, damit es nicht verbrennt. Gemüsebrühe und Lorbeerblatt dazugeben, Bohnen einrühren und alles 10 Minuten köcheln lassen.

4 Mehl oder Stärke in wenig kaltem Wasser verrühren. Mischung langsam in den Topf geben und rühren, bis der Eintopf leicht sämig wird. Eintopf weitere 5-7 Minuten köcheln lassen.

5 Essig oder Zitronensaft, Salz und Pfeffer zufügen und optional Dill einrühren.

Nährwerte p. P.

220 kcal, 30 g kh, 8 g Fett, 9 g Eiweiß

Gombapaprikás – Pilz-Paprikasch

4 Port. 35 Min. Leicht

Zutaten

600 g Champignons
2 EL Olivenöl
1 große Zwiebel
2 Knoblauchzehen
1 rote Paprika
1 TL Tomatenmark
2 TL edelsüßes Paprikapulver
½ TL geräuchertes Paprikapulver (optional)
200 ml Gemüsebrühe
200 ml vegane Kochsahne (z. B. Hafersahne)
1 TL Zitronensaft
Salz & schwarzer Pfeffer
1 EL gehackte Petersilie

1 Zwiebel und Paprika würfeln, Knoblauch in dünne Scheiben schneiden, Pilze putzen und ebenfalls in Scheiben schneiden.

2 Olivenöl in einer großen Pfanne erhitzen, Zwiebelwürfel hineingeben und glasig dünsten. Knoblauch zufügen und kurz mitbraten.

3 Paprikawürfel und Pilzscheiben in die Pfanne geben und alles 5-7 Minuten anbraten.

4 Tomatenmark, edelsüßes Paprikapulver und optional geräuchertes Paprikapulver unterrühren und alles kurz anrösten.

5 Gemüsebrühe und vegane Kochsahne angießen, gut umrühren und das Ganze 10 Minuten köcheln lassen, bis die Sauce sämig wird.

6 Zitronensaft, Salz und Pfeffer zufügen und zum Servieren Petersilie darüberstreuen.

Nährwerte p. P.

170 kcal, 10 g kh, 11 g Fett, 6 g Eiweiß

Lencsefőzelék – Linsen-Eintopf

4 Port. 45 Min. Leicht

Zutaten

- 1 Bund Frühlingszwiebeln
- 300 g braune Linsen
- 1 große Zwiebel
- 2 Knoblauchzehen
- 2 Karotten
- 2 mittelgroße Kartoffeln
- 1 grüner Paprika
- 1 Tomate
- 2 EL Öl
- 1-1,2 l Gemüsebrühe
- 1 TL Paprikapulver, edelsüß
- je 1 TL Majoran & Zucker
- 1 Lorbeerblatt
- 1 EL Mehl
- 1-2 EL Apfelessig
- Salz, Pfeffer

1 Karotten und Kartoffeln schälen und würfeln. Zwiebel hacken und Paprika in Stücke schneiden. Knoblauch fein hacken und Tomate würfeln.

2 1 EL Öl in einem Topf erhitzen und Zwiebel glasig andünsten. Knoblauch dazugeben und kurz umrühren. Karotten, Kartoffeln und Paprika zufügen und alles 3-4 Minuten anrösten.

3 Paprikapulver und Majoran darüberstreuen und alles gut mischen. Tomatenwürfel zufügen. Linsen und Lorbeerblatt in den Topf geben und Brühe dazugießen. Eintopf 25-30 Minuten köcheln lassen, bis Linsen und Gemüse weich sind.

4 1 EL Öl in einer Pfanne erhitzen, Mehl darüberstreuen und rühren, bis es leicht hellbraun wird.

5 Mehlschwitze in den Eintopf rühren, um ihn zu binden. Zucker und Essig dazugeben und alles mit Salz und Pfeffer abschmecken.

Nährwerte p. P.

310 kcal, 45 g kh, 7 g Fett, 17 g Eiweiß

Kichererbsen-Gulasch

4 Port. 40 Min. Leicht

Zutaten

- 400 g gekochte Kichererbsen
- 2 EL Olivenöl
- 1 große Zwiebel
- 3 Knoblauchzehen
- 1 rote Paprika
- 1 Karotte
- 2 TL edelsüßes Paprikapulver
- ½ TL geräuchertes Paprikapulver (optional)
- 1 TL Kreuzkümmel
- 2 Lorbeerblätter
- 2 EL Tomatenmark
- 400 ml Gemüsebrühe
- Salz und Pfeffer
- etwas frische Petersilie

Nährwerte p. P.

285 kcal, 34 g kh,
10 g Fett, 12 g Eiweiß

1 Schälen Sie die Zwiebel und den Knoblauch und schneiden Sie beides klein. Waschen Sie die Paprika und würfeln Sie sie. Schälen Sie die Karotte und schneiden Sie sie klein.

2 Erhitzen Sie das Öl in einem Topf und braten Sie die Zwiebel darin 2-3 Minuten, bis sie glasig ist. Fügen Sie den Knoblauch hinzu und braten Sie ihn kurz mit. Geben Sie die Paprikawürfel und die Karottenstücke in den Topf und braten Sie alles weitere 3 Minuten an.

3 Geben Sie das edelsüße Paprikapulver, optional das geräucherte Paprikapulver und den Kreuzkümmel in den Topf und rühren Sie sofort um. Rühren Sie das Tomatenmark ein und braten Sie es 1 Minute mit.

4 Geben Sie die Kichererbsen und die Lorbeerblätter in den Topf. Gießen Sie die Gemüsebrühe dazu und lassen Sie alles 20 Minuten lang köcheln.

5 Würzen Sie das Gluasch nach Geschmack mit Salz und Pfeffer. Hacken Sie die Petersilie und streuen Sie diese vor dem Servieren über das Gericht.

Gemüse-Lescó

2 Port. 40 Min. Leicht

Zutaten

- 3 Zucchini
- 2 Auberginen
- 2 Paprika, rot
- 1 Paprika, gelb
- 1 kg Tomaten
- 1 Zwiebel
- 2 Knoblauchzehen
- 200 g Räuchertofu
- 4 EL Olivenöl
- 1 EL Paprikapulver, edelsüß
- 1 EL Paprikapulver, geräuchert
- ½ EL Paprikapulver, scharf
- Salz und Pfeffer nach Geschmack

1 Waschen Sie das Gemüse und schneiden Sie es in etwa gleich große Stücke. Den Räuchertofu würfeln. Schälen Sie die Zwiebel und den Knoblauch und hacken Sie beides fein.

2 Erhitzen Sie das Olivenöl in einem Topf und braten Sie den gewürfelten Räuchertofu, die Zwiebel und den Knoblauch darin an, bis sie goldbraun sind. Fügen Sie Zucchini, Aubergine und Paprika hinzu und braten Sie alles 15-20 Minuten weiter.

3 Geben Sie frische Tomaten und Gewürze dazu und braten Sie die Mischung für weitere 15-20 Minuten.

4 Schmecken Sie das Gericht zum Schluss mit Salz und Pfeffer ab. Es kann entweder ohne Beilage oder mit Kartoffeln, Reis oder Pasta serviert werden.

Nährwerte p. P.

250 kcal, 30 g kh, 14 g Fett, 10 g Eiweiß

Sült Tök – Gebackener Kürbis

4 Port. 60 Min. Leicht

Zutaten

- 1 Butternut-Kürbis
- 3 EL Olivenöl
- 2 TL edelsüßes Paprikapulver
- ½ TL geräuchertes Paprikapulver
- 1 TL Salz
- ½ TL schwarzer Pfeffer
- 2 Knoblauchzehen
- 1 kleine rote Zwiebel
- 1 TL fein gehackter frischer Thymian
- ½ TL Zitronensaft
- 1 TL Ahornsirup

Nährwerte p. P.

165 kcal, 22 g kh,
7 g Fett, 2 g Eiweiß

1 Ein Backblech mit Backpapier auslegen. Kürbis der Länge nach durchschneiden. Kerne mit einem Löffel entfernen und Kürbisfleisch rautenförmig einschneiden, ohne die Schale zu durchtrennen.

2 Zwiebel fein würfeln. Knoblauch schälen und in dünne Scheiben schneiden.

3 Schnittflächen des Kürbisses mit Olivenöl bestreichen und mit edelsüßem Paprikapulver, optional geräuchertem Paprikapulver, Salz und Pfeffer bestreuen.

4 Knoblauch und Zwiebel in den Einschnitten verteilen und Thymian darübergeben

5 Kürbis mit der Schnittfläche nach oben auf das Blech legen und 45-55 Minuten backen, bis das Fruchtfleisch weich ist und leicht karamellisiert.

6 Kürbis mit einem Spritzer Zitronensaft beträufeln und etwas Ahornsirup darübergeben, um die Röstaromen zu verstärken.

Snacks & Fingerfood

Palacsinta – Palatschinken

4 Port. 20 Min. Leicht

Zutaten

- 250 ml Milch
- 150 g Mehl
- 2 Eier
- 1 EL Butter, zerlassen
- 1 Prise Salz
- Fett zum Ausbraten

Nährwerte p. P.

180 kcal, 25 g kh,
7 g Fett, 6 g Eiweiß

1 Schlagen Sie die Eier in eine Schüssel und verquirlen Sie sie miteinander. Geben Sie das Mehl in eine weitere Schüssel und vermischen Sie es zügig mit der Milch zu einem glatten Teig. Rühren Sie die Eier dazu und würzen Sie den Teig mit dem Salz. Am Ende fügen Sie die zerlassene Butter bei.

2 Erhitzen Sie etwas Fett in einer Pfanne und verarbeiten Sie den Teig kellenweise zu dünnen Pfannkuchen.

Gefüllte Palatschinken

8 Port. 40 Min. Mittel

Zutaten

- 400 g Hühnerbrust
- 400 ml saure Sahne
- 8 Palatschinken (Rezept auf S. 144)
- 1 Zwiebel
- 1 Tomate
- 30 g Fett
- ½ TL Paprikapulver, edelsüß
- Salz nach Belieben
- einige Basilikumblätter
- etwas Ketchup
- etwas geriebener Käse

Nährwerte p. P.

330 kcal, 17 g kh,
19 g Fett, 25 g Eiweiß

1 Tomate säubern und in Stücke schneiden. Zwiebel pellen und klein hacken.

2 Fett in einer Pfanne erhitzen und Fleisch darin anbraten. Zwiebel beifügen, alles mit Salz würzen und wenige Minuten anbraten. Fleisch herausnehmen und in kleine Stücke schneiden.

3 Im Bratensaft saure Sahne, Paprikapulver und Tomaten vermischen. Nach kurzem Aufkochen Pfanneninhalt mit zerkleinertem Fleisch vermischen, bis eine streichfähige Masse entsteht.

4 Füllung auf den Palatschinken verteilen und zusammenrollen. Rollen in eine Auflaufform legen und ggf. übriggebliebene Bratensaftmischung darübergeben. Sollte kein Bratensaft mehr vorhanden sein, diesen Schritt überspringen.

5 Backofen auf 150 °C Umluft vorheizen und Palatschinkenrollen 10-15 Minuten backen. Auf Tellern mit etwas Ketchup überzogen anrichten und mit etwas geriebenem Käse sowie Basilikumblättern bestreuen.

Kolbász – Paprikawurst

5 kg | 60 Min. | Mittel

Zutaten

3 kg Schweinebraten aus der Schulter

1½ kg Schweinebauch, roh

½ kg Speck, roh

Schweinedarm, Kaliber 30/32

Gewürzmischung:

25 g Knoblauch

10 g Paprikapulver, rosenscharf

25 g Pfeffer, schwarz

120 g Salz

100 g Paprikapulver, edelsüß

Kümmel, gemahlen, nach Belieben

Wasser, lauwarm

Nährwerte p. 100 g

310 kcal, 1 g kh,
30 g Fett, 25 g Eiweiß

1 Bereiten Sie zunächst die Gewürzmischung zu. Vermischen Sie das Salz mit dem Pfeffer sowie beiden Paprikapulversorten. Pellen Sie den Knoblauch und pressen Sie ihn dazu. Fügen Sie nach Belieben den Kümmel bei und vermengen Sie so viel Wasser in der Masse, bis sie geschmeidig wird.

2 Schneiden Sie den Schweinebraten, den Speck und das Bauchfleisch in Streifen. Drehen Sie die Fleischstreifen abwechselnd durch einen Fleischwolf mit einer 6-Millimeter-Lochscheibe. Sollten die Därme in Salz eingelegt sein, wässern Sie sie für etwa 30 Minuten und wechseln das Wasser zweimal. Befestigen Sie den Wurstfüller sicher am Tisch, stellen Sie eine große Schüssel bereit und sorgen Sie an einem kühlen Ort für eine Aufhängemöglichkeit, zum Beispiel einen sauberen Besenstiel.

3 Vermischen Sie die Gewürzmischung mit dem durchgewolften Fleisch. Geben Sie eine entsprechende Menge in den Wurstfüller, ziehen Sie den Darm auf den Trichter und befüllen Sie ihn mit der Fleischmasse. Anschließend drehen Sie in gewünschter Länge den Darm zwischendurch ab, um die einzelnen Würste zu erhalten.

4 Nun haben Sie die Wahl: Entweder kochen oder braten Sie die Würste und verzehren sie (Sie können die Wurst nach dem Garen auch einfrieren) oder aber Sie hängen die Würste zum Trocknen auf dem vorbereiteten Besenstiel auf, damit sie geräuchert werden können. Der Räuchervorgang dauert etwa 3 bis 4 Stunden.

Eingelegte Paprika

4 Port. 20 Min. Leicht

Zutaten

500 g Spitzpaprika, rot
1 l Wasser
3 Zweige Petersilie
3 Knoblauchzehen
1 Zwiebel
3 EL Zucker
3 EL Essigessenz
1 EL Olivenöl
Pfeffer nach Belieben
Salz nach Belieben

Nährwerte p. P.

320 kcal, 14 g kh,
16 g Fett, 2 g Eiweiß

1 Pellen Sie die Zwiebel und schneiden Sie sie in dünne Ringe. Pellen Sie den Knoblauch und hacken Sie ihn klein. Spülen Sie die Petersilie ab und schneiden Sie sie in feine Stücke. Säubern Sie die Paprika und entfernen Sie die Kerne.

2 Gießen Sie das Wasser in eine Schüssel und vermischen Sie es mit dem Zucker sowie dem Knoblauch. Kochen Sie es auf und geben Sie Essigessenz, Öl sowie nach Belieben Pfeffer und Salz dazu. Legen Sie die Paprika hinein und köcheln Sie sie für etwa 3 Minuten.

3 Entnehmen Sie die Paprika und legen Sie sie in eine hitzebeständige Schüssel. Geben Sie die Zwiebelringe darauf und verteilen Sie die Petersilie darüber. Füllen Sie den Kochsud langsam dazu, legen Sie einen Deckel auf die Schüssel und stellen Sie sie für mindestens 6 Stunden zum Ziehen beiseite.

4 Im Kühlschrank können Sie die eingelegten Paprika für etwa 2-3 Tage lagern.

Sajtos Rúd – Käse-Stangen

4 Port. 30 Min. Leicht

Zutaten

- 250 g Blätterteig (frisch oder aufgetaut)
- 120 g geriebener Hartkäse (z. B. Emmentaler oder Gouda)
- 1 Ei
- 1 Prise Salz
- 1 TL Paprikapulver

Nährwerte p. P.

280 kcal, 24 g kh,
16 g Fett, 9 g Eiweiß

1 Heizen Sie den Backofen auf 200 °C Ober-/Unterhitze vor. Legen Sie den Blätterteig auf einer bemehlten Arbeitsfläche aus und rollen Sie ihn bei Bedarf etwas dünner aus.

2 Verquirlen Sie das Ei in einer kleinen Schüssel. Bestreichen Sie den Teig gleichmäßig mit der Hälfte des verquirlten Eis. Bestreuen Sie den Teig anschließend mit Salz, Paprikapulver und etwa zwei Dritteln des geriebenen Käses.

3 Schneiden Sie den Teig mit einem Messer oder Pizzaschneider in 2 cm breite Streifen. Drehen Sie jeden Streifen leicht ein, sodass die typische Spiralform entsteht.

4 Legen Sie die Stangen auf ein mit Backpapier ausgelegtes Blech und bestreichen Sie sie mit dem restlichen Ei. Bestreuen Sie sie mit dem restlichen Käse.

5 Backen Sie die Sajtos Rudak 12-15 Minuten, bis sie goldbraun und knusprig sind.

Makóer Zwiebeln

4 Port. 90 Min. Leicht

Zutaten

250 g Hackfleisch
100 ml Wasser
50 g Schweineschmalz
8 Zwiebeln, mittelgroß
1 Brötchen + lauwarme Flüssigkeit zum Einweichen
1 Ei
3 EL Petersilie, gehackt
Salz nach Belieben

<u>Soße:</u>

200 ml Milch
100 ml Sahne
80 g Käse, gerieben
1 EL Mehl
1 EL Butter
1 Eigelb
Pfeffer nach Belieben
Salz nach Belieben

Nährwerte p. P.

450 kcal, 13 g kh,
35 g Fett, 22 g Eiweiß

1 Brötchen in Milch oder Wasser einweichen und anschließend ausdrücken. Zwiebeln pellen und Wurzelende jeweils gerade abschneiden. Jeweils oberes Viertel der Zwiebeln abschneiden und Inneres entfernen. Das Herausgeholte klein hacken.

2 Schweineschmalz in einer Pfanne erhitzen und Zwiebelstücke darin anbraten. Hüllen der Zwiebeln nebeneinander in eine Auflaufform legen. Zwiebeln in ein Sieb geben und über der Form abtropfen lassen, dann beiseitestellen.

3 Hackfleisch in eine Schüssel geben und eingeweichtes Brötchen darin vermischen. Petersilie, Ei und etwas Salz zufügen und alles verkneten. Hackteig in den ausgehöhlten Zwiebeln verteilen.

4 Backofen auf 175 °C Umluft vorheizen. Wasser in die Form gießen, Zwiebeln abdecken und auf der mittleren Schiene 45-60 Minuten backen.

5 In der Zwischenzeit für die Soße Butter in einen Topf geben, erhitzen und Mehl darin verrühren. Nach und nach Milch dazugießen und Soße mit Pfeffer und Salz würzen.

6 Wenn die Soße eine cremige Konsistenz erreicht hat, Topf von der Kochstelle nehmen und Sahne sowie Eigelb darin verrühren.

7 Angebratene Zwiebeln in eine ofenfeste Form geben und Soße darübergießen. Käse darauf verteilen und das Ganze bei 200 °C ca. 25 Minuten backen.

8 Soße zu den gefüllten Zwiebeln servieren.

Töltött Tojás – Gefüllte Eier

4 Port. 25 Min. Leicht

Zutaten

8 Eier
2 EL Mayonnaise
1 TL Senf
1 TL mildes Paprikapulver
1 kleine Frühlingszwiebel oder ½ Schalotte
Salz und Pfeffer
1 TL Zitronensaft
Schnittlauch oder Frühlingszwiebelgrün zum Garnieren

Nährwerte p. P.

160 kcal, 2 g kh,
12 g Fett, 10 g Eiweiß

1 Kochen Sie die Eier hart (ca. 10 Minuten), schrecken Sie sie ab und lassen Sie sie vollständig auskühlen. Schälen Sie die Eier und halbieren Sie sie der Länge nach. Entfernen Sie das Eigelb vorsichtig und geben Sie sie in eine Schüssel.

2 Zerdrücken Sie das Eigelb mit einer Gabel fein. Rühren Sie Mayonnaise, Senf, Paprikapulver und Zitronensaft ein. Schneiden Sie die Frühlingszwiebel bzw. Schalotte sehr fein und mischen Sie sie unter die Creme. Schmecken Sie die Füllung mit Salz und Pfeffer ab.

3 Füllen Sie die vorbereiteten Eiweißhälften mit der Eigelb-Paprika-Masse. Bestreuen Sie die gefüllten Eier mit etwas Schnittlauch oder feinen Frühlingszwiebelringen.

Sonkatekercs – Schinkenröllchen

4 Port. 20 Min. Leicht

Zutaten

- 8-10 dünne Scheiben Kochschinken
- 150 g Frischkäse
- 1 kleine Karotte
- 1 kleine Kartoffel (gekocht)
- ½ Apfel (säuerlich)
- 3-4 Essiggurken
- 50 g Erbsen, Glas oder TK
- Salz und Pfeffer
- 1 TL Senf
- Petersilie zum Garnieren
- einige Blätter Kopfsalat

Nährwerte p. P.

210 kcal, 5 g kh,
15 g Fett, 12 g Eiweiß

1 Schälen Sie die Karotte und schneiden Sie sie in sehr kleine Würfel. Kochen Sie sie 3-4 Minuten in leicht gesalzenem Wasser, bis sie bissfest sind. Lassen Sie sie gut abkühlen. Schneiden Sie die gekochte Kartoffel ebenfalls in kleine Würfel. Schneiden Sie den Apfel und die Essiggurken in feine Stücke. Geben Sie alles in eine Schüssel und mischen Sie die Erbsen dazu.

2 Rühren Sie den Frischkäse mit dem Senf glatt und würzen Sie mit Salz und Pfeffer. Heben Sie das vorbereitete Gemüse unter, sodass eine cremige, streichfähige Füllung entsteht.

3 Breiten Sie die Schinkenscheiben auf einer Arbeitsfläche aus. Geben Sie jeweils 1-2 EL Füllung auf eine Schmalseite und rollen Sie die Schinkenscheiben fest auf.

4 Legen Sie die fertigen Schinkenröllchen auf Blätter von Kopfsalat und garnieren Sie sie mit etwas frischer Petersilie.

Rántott Zöldségek – Panierte Pilze

4 Port. 30 Min. Leicht

Zutaten

- 500 g Champignons
- 120 g Mehl
- 2 Eier
- 150 g Semmelbrösel
- 1 TL Paprikapulver
- Öl zum Ausbacken
- Petersilie zum Garnieren
- 150 g Mayonnaise
- 1 TL Senf
- 1 TL Zitronensaft
- Salz & Pfeffer
- 1 EL gehackte Petersilie

Nährwerte p. P.

320 kcal, 28 g kh,
18 g Fett, 10 g Eiweiß

1 Putzen Sie die Pilze und entfernen Sie grobe Stielenden. Größere Pilze können Sie halbieren, kleine Pilze lassen Sie ganz. Würzen Sie die Pilze leicht mit Salz und Pfeffer.

2 Bereiten Sie drei Teller vor: einen mit Mehl, einen mit verquirlten Eiern und einen mit Semmelbröseln, die Sie mit Paprikapulver mischen. Wenden Sie jeden Pilz zuerst im Mehl, dann im Ei und zuletzt in den Semmelbröseln, sodass eine gleichmäßige Panade entsteht.

3 Erhitzen Sie reichlich Öl in einer Pfanne. Backen Sie die panierten Pilze portionsweise bei mittlerer Hitze aus, bis sie rundum goldbraun und knusprig sind. Lassen Sie sie auf Küchenpapier abtropfen.

4 Für den Dip verrühren Sie Mayonnaise mit Senf, Zitronensaft, Salz, Pfeffer und Petersilie.

5 Servieren Sie die Pilz-Snacks heiß oder lauwarm zusammen mit dem Dip und etwas frischer Petersilie.

Rántott Sajt – Frittierter Käse

4 Port. 25 Min. Leicht

Zutaten

400 g Schnittkäse in Blockform (z. B. Trappista, Gouda oder Edamer)

Salz und Pfeffer

120 g Mehl

2 Eier

150 g Semmelbrösel

Öl zum Frittieren

Blätter Kopfsalat und Cocktailtomaten zum Anrichten

Ketchup oder Knoblauchsauce als Dip

Nährwerte p. P.

450 kcal, 22 g kh,
28 g Fett, 24 g Eiweiß

1 Schneiden Sie den Käse in gleichmäßige Sticks oder rechteckige Scheiben. Frieren Sie die Käsestücke 10-15 Minuten an – dadurch läuft beim Frittieren weniger Käse aus.

2 Bereiten Sie drei Teller vor: einen mit Mehl, einen mit verquirlten Eiern und einen mit Semmelbröseln. Würzen Sie Mehl und Eier leicht mit Salz und Pfeffer. Wenden Sie die Käsesticks zuerst im Mehl, dann im Ei und zuletzt in den Semmelbröseln. Wiederholen Sie den Vorgang ein zweites Mal, damit die Panade besonders stabil wird.

3 Erhitzen Sie reichlich Öl in einem Topf oder einer tiefen Pfanne. Frittieren Sie die panierten Käsestücke portionsweise 2-3 Minuten, bis sie goldbraun und knusprig sind. Legen Sie sie anschließend auf Küchenpapier.

4 Richten Sie den Rántott Sajt auf Blättern vom Kopfsalat mit einigen Cocktailtomaten an. Servieren Sie dazu Ketchup oder Knoblauchsauce.

Tócsi – Kartoffel-Rösti

4 Port. 40 Min. Leicht

Zutaten

- 450 g Kartoffeln
- 2 Knoblauchzehen
- 1 Ei
- 5 EL Mehl
- 4 TL saure Sahne
- Pfeffer nach Belieben
- Salz nach Belieben
- Fett zum Braten

Nährwerte p. P.

160 kcal, 28 g kh,
3 g Fett, 4 g Eiweiß

1 Schälen Sie die Kartoffeln und reiben Sie sie in eine Schüssel. Bei Bedarf drücken Sie die Flüssigkeit etwas heraus. Pellen Sie den Knoblauch und pressen Sie ihn zu den geriebenen Kartoffeln.

2 Vermischen Sie das Ei, das Mehl, die saure Sahne sowie Pfeffer und Salz nach Belieben darin. Formen Sie mit einem Esslöffel kleine Fladen.

3 Erhitzen Sie das Fett in einer Pfanne und braten Sie die Kartoffelrösti goldbraun aus.

Süßspeisen & Desserts

Baumkuchen

10 Port. 50 Min. Leicht

Zutaten

- 165 g Mehl
- 165 g Zucker
- 165 g Butter
- 50 g Mandeln, gemahlen
- 6 Eier
- 1 Pck. Vanillezucker
- 2 EL Rum
- 100 g Zucker
- je 1 TL Zimt & Zucker, gemischt
- 50 g geschmolzene Butter

Nährwerte p. P.

270 kcal, 30 g kh, 16 g Fett, 4 g Eiweiß

1 Butter in einer Schüssel schaumig schlagen. Eier trennen und Eigelb in der Butter vermischen. 100 g Zucker zufügen und alles zu einem geschmeidigen Teig vermischen.

2 Mandeln, Rum und Vanillezucker in die Schüssel geben. Eiweiß zu Schnee schlagen, diesen abwechselnd mit Mehl nach und nach dazugeben und alles vorsichtig unter den Teig heben.

3 Backofen auf 180 °C Ober-/Unterhitze vorheizen. Ein Nudelholz mit Alufolie umwickeln und Folie mit etwas Butter einfetten. Teig ca. 0,5 cm dick ausrollen und in ca. 2 cm breite Streifen schneiden. Streifen spiralförmig um die Nudelrolle wickeln, dabei leicht überlappend arbeiten. Teig sanft andrücken, damit er sich verbindet.

4 Teig mit geschmolzener Butter bestreichen, im Zimt-Zucker wälzen, auf ein Backblech legen und 15-20 Minuten backen, alle 5 Minuten drehen.

5 Kuchen kurz abkühlen lassen und vorsichtig von der Rolle lösen.

Cremesch – Cremeschnitte

12 Port. 50 Min. Leicht

Zutaten

- 500 ml Milch
- 450 g Blätterteig
- 100 g Zucker
- 3 Eier
- 1 Eigelb
- 1 Pck. Vanillepuddingpulver
- 1 Pck. Vanillezucker
- 1 Fläschchen Butter-Vanille-Aroma
- 2 EL Mehl
- Puderzucker zum Bestäuben

Nährwerte p. P.

230 kcal, 24 g kh,
14 g Fett, 4 g Eiweiß

1 Blätterteig ausrollen und auf ein mit Backpapier belegtes Blech legen. Eigelb verquirlen und Blätterteig damit bestreichen. Backofen auf 200 °C Umluft vorheizen und Teig ca. 30 Minuten backen.

2 In der Zwischenzeit Eier trennen, Eigelb in eine Schüssel geben und mit Zucker, Puddingpulver, Mehl, Vanillezucker und etwas Milch vermischen.

3 Übrige Milch in einem Topf aufkochen lassen. Topf vom Herd nehmen und Puddingpulvermischung einrühren. Alles unter Rühren aufkochen lassen, bis es sämig wird. Eiweiß zu Schnee schlagen, unter die Puddingmischung heben und Butter-Vanille-Aroma beifügen.

4 Blätterteig mittig durchschneiden. Puddingmischung auf einer Hälfte des Blätterteiges verteilen und zweite Hälfte darüberlegen. Kuchen kühl stellen, damit die Puddingcreme fest wird.

5 Nach Belieben mit Puderzucker bestreuen.

Dukatennudeln

24 Port. 90 Min. Leicht

Zutaten

Dukatennudeln:

- 500 g Mehl
- 350 ml Milch, lauwarm
- 100 g Nüsse, gemahlen
- 20 g Walnüsse, gehackt
- 50 g Butter, zerlassen
- 7 EL Zucker
- 3 Eigelb
- 1 Pck. Trockenhefe
- 1 Prise Salz

Weinschaumcreme:

- 100 ml Weißwein
- 50 g Zucker
- 4 Eigelb
- ½ Bio-Zitrone, Abrieb
- Puderzucker

Nährwerte p. P.

150 kcal, 20 g kh,
7 g Fett, 3 g Eiweiß

1 Geben Sie das Mehl in eine Schüssel und vermischen Sie es mit der Hefe. Fügen Sie die Milch, 4 EL Zucker, das Salz sowie das Eigelb hinzu und verkneten Sie alle Zutaten zu einem nicht mehr klebenden Teig.

2 Bemehlen Sie eine Arbeitsfläche und formen Sie den Teig zu einer Rolle, die Sie anschließend in 24 Stücke schneiden. Formen Sie die Teigstücke zu Klößen und bestreichen Sie diese mit der Butter. Legen Sie die Teigklöße dicht an dicht in eine Backform und stellen Sie sie für 30 Minuten an einen warmen Ort.

3 Nach der Gehzeit wälzen Sie die Klöße in den gemahlenen und gehackten Nüssen und danach in 3 EL Zucker.

4 Heizen Sie den Backofen auf 180 °C Umluft vor. Backen Sie die Teiglinge auf der mittleren Schiene für etwa 30 Minuten goldbraun aus.

5 In der Zwischenzeit bereiten Sie die Weinschaumcreme zu, indem Sie das Eigelb in eine hitzebeständige Schüssel geben, den Zucker zufügen und beides schaumig aufschlagen. Verrühren Sie den Weißwein sowie die Zitronenschale in der Masse.

6 Bereiten Sie ein heißes Wasserbad vor und schlagen Sie die Creme mit einem Handrührgerät so lange schaumig auf, bis sie sämig wird. Anschließend schmecken Sie sie mit dem Zitronensaft ab.

7 Servieren Sie die Dukatennudeln noch heiß, streuen Sie etwas Puderzucker darüber und reichen Sie die Weinschaumcreme separat dazu.

Bejgli – Gefüllte Teigrollen

24 Port. 6 Std. Leicht

Zutaten

500 g Mehl
250 g Butter, kalt
200 ml Milch, lauwarm
2 Eier
½ Würfel Hefe
1 TL Puderzucker
1 Prise Salz
1 Eiweiß & 1 Ei

Nussfüllung:

300 ml Wasser
300 g Haselnüsse, gemahlen
150 g Puderzucker
100 g Sultaninen, in Orangensaft eingeweicht
100 g Löffelbiskuits, zerstoßen
1 Bio-Zitrone, Saft

Mohnfüllung:

300 g Mohn, gemahlen
300 ml Milch
200 g Puderzucker
100 g Sultaninen, in Orangensaft eingeweicht
50 g Grieß
1 Bio-Zitrone, Abrieb

Nährwerte p. P.

320 kcal, 39 g kh, 18 g Fett, 5 g Eiweiß

1 Für den Teig Hefe mit Puderzucker in der warmen Milch auflösen. Mehl mit Salz, Butter und Eiern in einer Schüssel vermischen. Hefemilch dazugießen und alles zu einem geschmeidigen Teig verkneten. Etwas Mehl darüberstäuben, Schüssel abdecken und 2 Stunden ruhen lassen.

2 Für die Nussfüllung Wasser in einen Topf gießen und Puderzucker darin vermischen. Mischung aufkochen lassen und Topf vom Herd nehmen. Nüsse, Löffelbiskuits, Sultaninen und Zitronensaft darin vermischen und abkühlen lassen.

3 Für die Mohnfüllung Milch in einen Topf gießen und Puderzucker darin verrühren. Flüssigkeit aufkochen und Topf vom Herd nehmen. Mohn und Grieß darin vermischen, Sultaninen und Zitronenschale unterheben und abkühlen lassen.

4 Teig in 4 Stücke teilen, eine Arbeitsfläche bemehlen und Teiglinge darauf ca. 5 mm dünn und rechteckig ausrollen. Auf jeweils 2 Teigplatten Mohn- und Nussfüllung verteilen, dabei einen Rand von ca. 3 cm belassen.Teigstücke von den langen Seiten her aufrollen, Öffnungen am Ende etwas zusammendrücken, damit die Füllungen nicht austreten können, ein Blech mit Backpapier belegen und Teiglinge darauf verteilen, die Naht zeigt nach unten.

5 Ei verquirlen und Teiglinge damit bestreichen. Blech 1 Stunde ruhen lassen, dann Teiglinge mehrmals mit einer Gabel einstechen, mit Eiweiß bestreichen und weitere 30 Minuten ruhen lassen.

6 Ofen auf 180 °C Umluft vorheizen und Teigrollen 30 Minuten auf der mittleren Schiene backen. Nach dem Abkühlen in Scheiben schneiden.

Almás Pite – Apfelkuchen vom Blech

4 Port. 70 Min. Leicht

Zutaten

Für den Teig:

- 350 g Mehl
- 150 g kalte Butter
- 100 g Zucker
- 1 Ei
- 1 Päckchen Vanillezucker
- 1 TL Backpulver
- 1 Prise Salz
- 3-4 EL Milch (nach Bedarf)

Für die Füllung:

- 800 g Äpfel (säuerliche Sorten wie Boskop oder Idared)
- 80 g Zucker
- 1 TL Zimt
- 1 EL Zitronensaft
- 1-2 EL Grieß oder Semmelbrösel (für die Bindung)

Zum Bestreuen:

- Puderzucker

Nährwerte p. P.

380 kcal, 58 g kh,
14 g Fett, 4 g Eiweiß

1 Geben Sie das Mehl in eine Schüssel, mischen Sie es mit Backpulver, Zucker, Vanillezucker und Salz und schneiden Sie die kalte Butter in kleinen Stücken hinein. Verreiben Sie alles zwischen den Fingern und kneten Sie anschließend das Ei ein. Fügen Sie nach Bedarf Milch hinzu, bis ein glatter, weich formbarer Teig entsteht. Teilen Sie den Teig in zwei Hälften und legen Sie ihn 15 Minuten in den Kühlschrank.

2 Schälen Sie die Äpfel, entkernen Sie sie und reiben Sie sie grob. Mischen Sie die geriebenen Äpfel mit Zucker, Zimt und Zitronensaft und lassen Sie die Mischung 5 Minuten stehen. Drücken Sie die Äpfel leicht aus und mischen Sie Grieß oder Semmelbrösel unter, damit die Füllung beim Backen nicht zu feucht wird.

3 Rollen Sie die erste Teighälfte auf Backblechgröße aus und legen Sie sie auf ein mit Backpapier belegtes Blech. Verteilen Sie die Apfelmischung gleichmäßig darauf. Rollen Sie die zweite Teighälfte aus und legen Sie sie als Decke über die Füllung. Drücken Sie die Ränder leicht fest.

4 Stechen Sie den Teigdeckel mehrfach mit einer Gabel ein und backen Sie den Kuchen im vorgeheizten Ofen bei 180 °C Ober-/Unterhitze für 35-40 Minuten, bis die Oberfläche goldbraun ist.

5 Lassen Sie den Kuchen abkühlen und bestäuben Sie ihn großzügig mit Puderzucker. Schneiden Sie ihn in Stücke.

Mákos Guba – Germknödel-Auflauf

4 Port. 35 Min. Leicht

Zutaten

- 4 altbackene Milchbrötchen oder 4 kleine Hefezöpfe
- 300 ml Milch
- 2 EL Zucker
- 1 Päckchen Vanillezucker
- 1 Prise Salz
- 100 g gemahlener Mohn
- 60 g Puderzucker
- 40 g Butter
- 50 g Rosinen (optional)
- 20 g gehobelte Mandeln (optional)

Nährwerte p. P.

430 kcal, 62 g kh, 14 g Fett, 10 g Eiweiß

1 Schneiden Sie die Milchbrötchen in 1-2 cm dicke Scheiben. Erhitzen Sie die Milch in einem Topf und rühren Sie Zucker, Vanillezucker und 1 Prise Salz ein, bis sich alles aufgelöst hat.

2 Übergießen Sie die Brotscheiben mit der heißen Milch und lassen Sie sie 5 Minuten ziehen, bis sie weich, aber noch formstabil sind.

3 Mischen Sie in einer Schüssel den Mohn mit dem Puderzucker. Wenn Sie Rosinen verwenden möchten, waschen Sie diese und tupfen sie trocken.

4 Schmelzen Sie die Butter in einer Pfanne. Geben Sie die Brötchenstücke in die Pfanne und braten Sie sie unter vorsichtigem Wenden leicht an, bis sie etwas Farbe bekommen. Fügen Sie Rosinen und gehobelte Mandeln hinzu und vermengen Sie alles locker.

5 Heben Sie die Mohn-Zucker-Mischung unter, sodass alle Stücke gleichmäßig überzogen sind.

Gesztenyepüré – Kastanienpüree

4 Port. 25 Min. Leicht

Zutaten

- 1 Bund Frühlingszwiebeln
- 400 g tiefgekühltes, gesüßtes Maronenpüree (ungarisch: Gesztenyemassza)
- 2 EL Rum oder 1 TL Rumaroma
- 1 Päckchen Vanillezucker
- 150 ml Schlagsahne
- 1 TL Zucker
- 4 Cocktailkirschen für die Dekoration

Nährwerte p. P.

300 kcal, 44 g kh, 12 g Fett, 3 g Eiweiß

1 Lassen Sie das gesüßte Kastanienpüree bei Zimmertemperatur leicht antauen. Geben Sie das Püree in eine Schüssel, fügen Sie Rum oder Rumaroma sowie Vanillezucker hinzu und verrühren Sie alles zu einer glatten Masse.

2 Schlagen Sie die Sahne mit dem Zucker steif.

3 Drücken Sie nun das Kastanienpüree portionsweise durch eine Kartoffelpresse oder eine Gebäckpresse in Dessertschälchen, sodass die typischen feinen Stränge entstehen.

4 Setzen Sie jeweils eine Haube aus geschlagener Sahne darauf und dekorieren Sie die Desserts mit je einer Cocktailkirsche.

5 Servieren Sie das Gesztenyepüré gut gekühlt.

Dobostorte – Karamell-Schichttorte

4 Port. 90 Min. Leicht

Zutaten

Für die Biskuitböden:

- 6 Eier
- 120 g Zucker
- 120 g Mehl
- 1 Prise Salz

Für die Schokoladen-Buttercreme:

- 200 g Butter (weich)
- 150 g Puderzucker
- 120 g dunkle Schokolade
- 1 TL Vanillezucker

Für die Karamellplatte:

- 150 g Zucker
- 2 EL Wasser
- 1 TL Butter (für die Oberfläche)

Zum Dekorieren:

- Schokostreusel oder Schokoperlen

Nährwerte p. P.

150 kcal, 20 g kh,
7 g Fett, 3 g Eiweiß

1 Trennen Sie die Eier. Schlagen Sie das Eiweiß mit 1 Prise Salz steif. Schlagen Sie das Eigelb mit dem Zucker cremig. Heben Sie den Eischnee vorsichtig unter und sieben Sie das Mehl darüber. Vermengen Sie alles zu einem luftigen Teig.

2 Heizen Sie den Backofen auf 180 °C Ober-/Unterhitze vor. Zeichnen Sie sieben gleich große Kreise (Ø 22-24 cm) auf Backpapier. Streichen Sie jeweils dünne Teigschichten auf die Kreise und backen Sie jede Schicht 7-8 Minuten goldgelb. Lassen Sie die Böden vollständig auskühlen.

3 Schmelzen Sie die Schokolade in einem Wasserbad und lassen Sie sie abkühlen. Rühren Sie Butter mit Puderzucker und Vanillezucker cremig, geben Sie die geschmolzene Schokolade hinzu und schlagen Sie alles zu einer glatten Creme.

4 Bestreichen Sie 6 Böden gleichmäßig mit Schokoladencreme und schichten Sie sie übereinander. Bestreichen Sie die Torte von außen mit der restlichen Creme. Drücken Sie zur Dekoration Schokoperlen oder -streusel an den Rand.

5 Kochen Sie Zucker und Wasser in einem Topf, bis goldbrauner Karamell entsteht. Gießen Sie diesen sofort über den 7. Biskuitboden und streichen Sie ihn dünn aus. Bestreichen Sie die Oberfläche leicht mit Butter. Schneiden Sie den Karamellboden zügig in dreieckige Stücke.

6 Setzen Sie die Karamellstücke fächerartig auf die Torte. Spritzen Sie kleine Buttercreme-Tupfen darauf, damit sie stabil sitzen.

7 Stellen Sie die Torte mindestens 1 Stunde kalt, bevor Sie sie servieren.

Túrógombóc – Topfenknödel

4 Port. 35 Min. Leicht

Zutaten

Für die Knödel:

- 500 g Quark
- 2 Eier
- 120 g Grieß
- 1 Päckchen Vanillezucker
- 1 Prise Salz
- 1-2 EL Zucker
- Abrieb einer ½ Bio-Zitrone

Für die Brösel:

- 100 g Semmelbrösel
- 40 g Butter
- 1 EL Zucker

Zum Servieren:

- Puderzucker, Vanillesoße
- Minze zur Dekoration

1 Quark in eine Schüssel geben und Eier, Grieß, Vanillezucker, Salz, Zitronenschale und Zucker einrühren. Masse 10-15 Minuten ruhen lassen.

2 In einem großen Topf reichlich Wasser zum Sieden bringen. Aus der Quarkmasse mit angefeuchteten Händen kleine Knödel formen, diese ins Wasser geben und 8-10 Minuten ziehen lassen, bis sie an die Oberfläche steigen.

3 Währenddessen die Butter in einer Pfanne schmelzen und Semmelbrösel darin goldbraun rösten. Zucker einrühren.

4 Knödel mit einem Schaumlöffel aus dem Wasser heben und sofort in den gerösteten Bröseln wälzen, bis sie rundum bedeckt sind.

5 Túrógombóc mit Puderzucker und etwas Vanillesoße servieren und mit Minze garnieren.

Nährwerte p. P.

420 kcal, 52 g kh, 14 g Fett, 20 g Eiweiß

Madártej – Vogelmilch

4 Port. 45 Min. Mittel

Zutaten

- 1 l Milch
- 4 Eier, getrennt
- 2 EL Vanillearoma
- 1 EL Speisestärke
- 6 TL Puderzucker für das Eigelb
- 2 TL Puderzucker für den Eischnee
- 1 Prise Salz

Nährwerte p. P.

140 kcal, 12 g kh, 8 g Fett, 7 g Eiweiß

1 Eiweiß in eine Schüssel geben, etwas schlagen, Puderzucker und Salz zufügen und steif schlagen.

2 Milch in einen Topf gießen und Vanillearoma darin vermischen. Milch erhitzen, bis sie fast kocht, und Temperatur halten.

3 Mit einem Teelöffel kleine Knödel aus dem Eischnee formen und diese in die heiße Milch geben. Knödel 2 Minuten garen, wenden, weitere 2 Minuten garen und mit einem Schaumlöffel entnehmen.

4 Eigelb in einer Schüssel mit Stärke und Puderzucker schaumig rühren. Etwas warme Milch zufügen und sofort verrühren. Übrige Milch durch ein Sieb gießen und zurück in den Topf geben.

5 Niedrigste Stufe der Kochstelle einstellen und Topf mit der Milch aufstellen. Unter ständigem Rühren Eigelbmischung zufügen und rühren, bis die Milch sämig wird. Nach kurzem Abkühlen Knödel hineingeben und 3 Stunden in den Kühlschrank stellen.

Smoothies & Getränke

Limetten-Orangen-Limonade

1 Port. 15 Min. Leicht

Zutaten

400 ml Mineralwasser	
1 Limette, Bio	
½ Orange, Bio	
6 Blätter Pfefferminze	
2 EL Rohrzucker	
5 Eiswürfel	

Nährwerte p. P.

55 kcal, 13 g kh,
0 g Fett, 0 g Eiweiß

1 Waschen Sie die Limette sorgfältig ab und schneiden Sie sie in Achtel. Geben Sie die Stücke mit den Minzblättern sowie dem Zucker in ein Glas mit einem Volumen von 500 ml. Drücken Sie die Limetten mit einem Stößel gut aus.

2 Waschen Sie die Orange sorgfältig ab und schneiden Sie sie in mehrere Spalten. Geben Sie sie in das Glas und drücken Sie auch diese mit dem Stößel aus.

3 Fügen Sie die Eiswürfel dazu und füllen Sie das Glas mit dem Mineralwasser auf. Schmecken Sie die Limonade noch einmal mit Zucker ab.

Apfel-Petersilien-Smoothie

2 Port. 15 Min. Leicht

Zutaten

3 Äpfel
1 Stück Ingwer
1 Schuss Zitronensaft
150 ml Wasser
150 g Petersilie

Nährwerte p. P.

45 kcal, 11 g kh,
0 g Fett, 1 g Eiweiß

1 Schälen Sie die Äpfel sowie den Ingwer und schneiden Sie beides in grobe Stücke. Spülen Sie die Petersilie ab und hacken Sie sie grob durch.

2 Geben Sie die zerkleinerten Zutaten in einen Standmixer und pürieren Sie alles bis zur gewünschten Konsistenz durch. Geben Sie das Wasser dazu und schmecken Sie den Smoothie mit dem Zitronensaft ab.

Kirsch-Erdbeer-Shake

4 Port. 15 Min. Leicht

Zutaten

400 ml Mineralwasser	
250 g Süßkirschen	
100 g Erdbeeren	
50 g Heidelbeeren	
Minze zum Garnieren	
Eiswürfel nach Belieben	

Nährwerte p. P.

50 kcal, 12 g kh,
0 g Fett, 1 g Eiweiß

1 Säubern Sie die Früchte, entkernen Sie die Kirschen und geben Sie alles in einen Standmixer. Pürieren Sie die Zutaten zu einer gleichmäßigen Masse.

2 Verteilen Sie das Fruchtpüree auf 4 Gläser, geben Sie nach Belieben Eiswürfel dazu und füllen Sie sie mit dem Mineralwasser auf. Zum Garnieren geben Sie die Minzblätter ins Glas.

Kirsch-Joghurt-Smoothie

1 Port. 10 Min. Leicht

Zutaten

300 g Kirschen, entsteint	
370 g Joghurt	
360 g Eiswürfel	
85 g Honig	

Nährwerte p. P.

210 kcal, 45 g kh,
2 g Fett, 6 g Eiweiß

1 Geben Sie die Kirschen in einen Standmixer und fügen Sie den Joghurt, den Honig sowie die Eiswürfel hinzu.

2 Pürieren Sie alle Zutaten zu einer cremigen Masse. Zum Servieren füllen Sie den Smoothie in ein geeignetes Glas.

Pflaumen-Smoothie

2 Port. 10 Min. Leicht

Zutaten

- 120 g Pflaumen
- 120 ml Wasser
- 1 cm Ingwer
- 1 Banane
- 2 Eiswürfel
- 2 EL Haferflocken
- 2 Minzblätter zum Garnieren

Nährwerte p. P.

90 kcal, 22 g kh,
1 g Fett, 1 g Eiweiß

1 Säubern und entkernen Sie die Pflaumen. Schälen Sie den Ingwer sowie die Banane und geben Sie beides grob zerkleinert mit den Pflaumen in einen Standmixer. Fügen Sie das Wasser, die Eiswürfel und die Haferflocken bei.

2 Pürieren Sie die Zutaten zu einer cremigen Masse. Füllen Sie sie in Gläser und garnieren Sie den Smoothie mit den Minzblättern.

Bananen-Birnen-Smoothie

4 Port. 15 Min. Leicht

Zutaten

300 g Pflaumen
800 ml Apfelsaft
1 kg Bananen
2 Birnen
1 TL Honig

Nährwerte p. P.

215 kcal, 54 g kh,
1 g Fett, 2 g Eiweiß

1 Säubern Sie die Pflaumen und entfernen Sie die Kerne. Schälen Sie die Birnen sowie die Bananen. Schneiden Sie das Obst in grobe Stücke.

2 Geben Sie die Obststücke in einen Standmixer, gießen Sie den Apfelsaft dazu und pürieren Sie alles zu einer gleichmäßigen Masse. Schmecken Sie den Smoothie mit dem Honig ab und verteilen Sie ihn auf 4 Gläser.

Apfel-Orangen-Smoothie

2 Port. 10 Min. Leicht

Zutaten

200 ml Orangensaft, frisch gepresst

3 Äpfel

4 Minzblätter

Nährwerte p. P.

75 kcal, 18 g kh, 0 g Fett, 0 g Eiweiß

1 Messen Sie den Orangensaft ab und gießen Sie ihn in einen Standmixer. Schälen Sie die Äpfel, schneiden Sie sie in grobe Stücke und geben Sie sie dazu. Fügen Sie die Minzblätter bei und pürieren Sie die Zutaten zu einer homogenen Masse.

2 Verteilen Sie den Smoothie auf 2 Gläser.

Spinat-Apfel-Smoothie

2 Port. 15 Min. Leicht

Zutaten

100 ml Wasser
100 g Spinat
2 Äpfel
½ Gurke

Nährwerte p. P.

65 kcal, 16 g kh,
0 g Fett, 2 g Eiweiß

1 Säubern Sie den Spinat und geben Sie ihn in einen Standmixer. Gießen Sie das Wasser dazu und pürieren Sie die Zutaten.

2 Schälen Sie die Äpfel sowie die Gurke und schneiden Sie beides in grobe Stücke. Geben Sie sie zum Spinat in den Mixer und pürieren Sie alles bis zur gewünschten Konsistenz durch.

3 Zum Servieren verteilen Sie das Getränk auf 2 Gläser.

Kwas – Fermentierter Brottrunk

16 Port. 50 Min. Mittel

Zutaten

750 g Schwarz- oder Roggenbrot, zerkrümelt
125 g Zucker
50 g Rosinen
4 l Wasser
3 EL Wasser, lauwarm
1 EL Zitronenabrieb
5 cm Ingwer, frisch
1 Pck. Trockenhefe

Außerdem:

Glasflaschen
Mulltuch oder Ähnliches

Nährwerte p. P.

73 kcal, 15 g kh,
0 g Fett, 2 g Eiweiß

1 Backofen auf 180 °C Umluft vorheizen. Brot auf einem Backblech verteilen und 30 Minuten rösten. Ingwer schälen und in Scheiben schneiden. 4 l Wasser in einem Topf aufkochen lassen. Brot darin vermischen, Topf vom Herd nehmen, einen Deckel auflegen und 5 Stunden beiseitestellen.

2 Ein Multuch über einen weiteren Topf legen, Brotwasser durch dieses seihen und Brotstücke auspressen, anschließend entsorgen.

3 3 EL Wasser mit Hefe vermischen, bis sie schäumt. Hefewasser im Brotwasser verrühren und Zucker, Zitronenschale und Ingwer zufügen. Ein sauberes Küchentuch über den Topf legen und 12 Stunden beiseitestellen.

4 Flüssigkeit abermals durch ein Multuch seihen und in Flaschen füllen, dabei nicht zum Rand befüllen und etwas Platz zum Fermentieren lassen.

5 Rosinen in den Flaschen verteilen, diese verschließen und 3 Stunden ruhen lassen, anschließend für 3 Tage in den Kühlschrank stellen.

Pflaumen-Kakaolikör-Cocktail

1 Port. 5 Min. Leicht

Zutaten

- 40 ml Pálinka Pflaume
- 20 ml Sahne
- 20 ml Kakaolikör
- Nuss-Splitter zum Garnieren
- Eiswürfel nach Belieben

Nährwerte p. P.

210 kcal, 6 g kh,
15 g Fett, 1 g Eiweiß

1 Geben Sie Eis nach Belieben in ein Glas. Füllen Sie die Flüssigkeiten hinein und verrühren Sie sie miteinander. Zum Garnieren streuen Sie die Nuss-Splitter darüber.

Krampampuli – Silvesterpunsch

6 Port. 30 Min. Mittel

Zutaten

- 1 l Weißwein
- 500 ml Tee, schwarz
- 200 ml Rum, mind. 40 %
- 100 g Würfelzucker, alternativ ½ Zuckerhut
- 1 Zitrone, Bio
- 1 Orange
- 1 Zimtstange
- Nelken nach Belieben
- Trockenfrüchte, gemischt, nach Belieben (Datteln, Aprikosen, Rosinen usw.)
- kandierte Früchte nach Belieben
- Sternanis nach Belieben

Außerdem:

- Punschtopf
- Brennpaste o. Ä.
- Zange oder Gitter für den Zucker

Nährwerte p. P.

225 kcal, 15 g kh, 0 g Fett, 0 g Eiweiß

1 Schneiden Sie die Trockenfrüchte sowie die kandierten Früchte in kleine Stücke. Schälen Sie die Zitrone mit einem Zestenmesser (herkömmliches Messer geht auch) und schneiden Sie die Schale gegebenenfalls in dünnere Streifen. Anschließend pressen Sie den Saft aus der Zitrone und auch aus der Orange.

2 Gießen Sie den Wein in einen Topf und erwärmen Sie ihn bei mäßiger Temperatur. Achten Sie darauf, dass der Wein nicht zu kochen beginnt. Vermischen Sie die Zitronenschale, den Sternanis sowie die Nelken und legen Sie die Zimtstange hinein.

3 Währenddessen kochen Sie den Tee und stellen ihn zum Ziehen beiseite. Verteilen Sie die geschnittenen Trockenfrüchte sowie die kandierten Früchte im Punschtopf.

4 Legen Sie die Zange oder das Gitter darüber und drapieren Sie den Zucker darauf. Tränken Sie die Zuckerstücke in dem Rum. Entflammen Sie den Zucker und lassen Sie ihn in den Punschtopf tropfen.

5 Erst jetzt füllen Sie den erwärmten Wein, den Tee sowie die ausgepressten Säfte dazu. Rühren Sie das Getränk und lassen Sie es einige Zeit ziehen.

6 Bereiten Sie nun die Brennpaste oder eine andere Möglichkeit zum Warmhalten vor. Füllen Sie die Gläser direkt aus dem Punschtopf.

Málnaszörp – Himbeer-Sirupgetränk

4 Port. 30 Min. Leicht

Zutaten

- 500 g frische Himbeeren
- 400 g Zucker
- 250 ml Wasser
- 1 EL Zitronensaft
- optional: einige frische Himbeeren und Minze zum Servieren

Nährwerte p. P.

120 kcal, 30 g kh, 0 g Fett, 1 g Eiweiß

1 Waschen Sie die Himbeeren vorsichtig und lassen Sie sie gut abtropfen. Geben Sie Wasser und Zucker in einen Topf und kochen Sie die Mischung auf, bis sich der Zucker vollständig auflöst. Reduzieren Sie die Hitze und lassen Sie den Sirup 5 Minuten leicht köcheln.

2 Geben Sie die Himbeeren in den heißen Sirup und lassen Sie alles bei schwacher Hitze 5-7 Minuten ziehen, bis die Beeren zerfallen. Drücken Sie die Himbeeren leicht mit einem Löffel an, damit möglichst viel Saft austritt.

3 Seihen Sie die Mischung durch ein feines Sieb oder ein Tuch ab und fangen Sie den Sirup in einer Schüssel auf. Rühren Sie den Zitronensaft ein.

4 Lassen Sie den Himbeersirup vollständig auskühlen. Zum Servieren geben Sie 3-4 EL Sirup in ein Glas und füllen mit kaltem Wasser oder Mineralwasser auf. Garnieren Sie das Getränk nach Wunsch mit frischen Himbeeren oder etwas Minze.

Házi Limonádé – Zitronen-Limonade

4 Port. 10 Min. Leicht

Zutaten

- 4 Zitronen (2 für den Saft, 2 für Scheiben)
- 1-1,5 l kaltes Wasser oder Mineralwasser
- 4-5 EL Zucker oder Honig (nach Geschmack)
- einige Zweige frische Minze
- Eiswürfel nach Bedarf

Nährwerte p. P.

90 kcal, 22 g kh,
0 g Fett, 0 g Eiweiß

1 Pressen Sie zwei Zitronen aus und geben Sie den Saft in eine Karaffe. Schneiden Sie die übrigen Zitronen in dünne Scheiben. Füllen Sie Zucker oder Honig in die Karaffe und verrühren Sie alles gründlich, bis er sich aufgelöst hat.

2 Gießen Sie mit kaltem Wasser oder Mineralwasser auf und rühren Sie erneut um. Geben Sie die Zitronenscheiben und einige Zweige Minze hinzu.

3 Füllen Sie die Gläser mit Eiswürfeln und gießen Sie die Limonade ein. Garnieren Sie jede Portion mit einer Zitronenscheibe und etwas Minze.

4 Servieren Sie die Limonade gut gekühlt.

Forralt Bor – Glühwein

4 Port. 15 Min. Leicht

Zutaten

1 Flasche trockener Rotwein (0,75 l)
250 ml Wasser
3-4 EL Zucker oder Honig
1 Orange (in Scheiben)
1 Zimtstange
4-5 Gewürznelken
1 Sternanis
optional: mehr Orangenscheiben

Nährwerte p. P.

160 kcal, 16 g kh,
0 g Fett, 0 g Eiweiß

1 Gießen Sie den Wein und das Wasser in einen Topf. Fügen Sie Zucker oder Honig hinzu und rühren Sie kurz um. Legen Sie die Orangenscheiben, die Zimtstange, die Nelken und den Sternanis in den Topf.

2 Erwärmen Sie den Glühwein langsam bei mittlerer Temperatur. Achten Sie darauf, dass er nicht kocht, da sonst Alkohol und Aroma verloren gehen. Lassen Sie ihn 10 Minuten ziehen, damit sich die Gewürze gut entfalten.

3 Nehmen Sie die Gewürze nach Wunsch wieder heraus oder lassen Sie sie als Dekoration im Glas.

4 Gießen Sie den Forralt Bor in hitzebeständige Gläser und geben Sie jeweils eine frische Orangenscheibe hinein. Garnieren Sie nach Wunsch mit einer Zimtstange oder Sternanis.

Forró Csokoládé – Dicker Kakao

4 Port. 10 Min. Leicht

Zutaten

- 600 ml Milch
- 200 ml Sahne
- 120 g Zartbitterschokolade (gehackt)
- 2 EL Kakaopulver
- 2 EL Zucker (oder nach Geschmack)
- 1 TL Vanillezucker
- 1 TL Speisestärke (für extra Dicke, optional)
- Zimt oder Schlagsahne nach Wunsch zum Servieren

Nährwerte p. P.

240 kcal, 28 g kh, 10 g Fett, 8 g Eiweiß

1 Geben Sie die Milch und die Sahne zusammen in einen Topf und erhitzen Sie beide langsam. Rühren Sie Kakaopulver, Zucker und Vanillezucker ein. Verrühren Sie alles gründlich, damit keine Klümpchen entstehen.

2 Fügen Sie die gehackte Schokolade hinzu und lassen Sie sie bei geringer Hitze schmelzen. Rühren Sie regelmäßig um, bis eine glatte, cremige Konsistenz entsteht.

3 Wenn Sie den Kakao noch dicker möchten, verrühren Sie die Speisestärke in 2 EL kalter Milch und rühren die Mischung in den heißen Kakao. Lassen Sie alles kurz aufkochen, bis der Kakao die gewünschte Dicke erreicht hat.

4 Gießen Sie den Forró Csokoládé in Tassen und servieren Sie ihn heiß. Verfeinern Sie ihn nach Wunsch mit einer Prise Zimt oder einem Klecks Schlagsahne.

Bodzalé – Holundersirup

10 Port. 15 Min. Leicht

Zutaten

20 Holunderblüten
2 kg Zucker
2 l Wasser
6 Zitronen
1 EL Zitronensäure oder Ascorbinsäure

Nährwerte p. P.

195 kcal, 50 g kh, 0 g Fett, 0 g Eiweiß

1 Säubern Sie die Zitronen und schneiden Sie sie in Scheiben. Legen Sie die Holunderblüten in einen großen Topf und verteilen Sie die Zitronenscheiben darauf. Gießen Sie das Wasser dazu, legen Sie einen Deckel auf und stellen Sie den Topf für einen Tag zum Ziehen beiseite.

2 Geben Sie den Topfinhalt in ein Sieb und fangen Sie die Flüssigkeit in einem zweiten Topf auf. Verrühren Sie den Zucker sowie die Zitronensäure darin und kochen Sie die Flüssigkeit auf.

3 Bereiten Sie geeignete Flaschen zum Abfüllen vor, indem Sie sie mit kochendem Wasser sterilisieren. Gießen Sie den Holunderblütensirup nochmals durch ein Sieb und befüllen Sie die Flaschen. Sie können den Sirup bei kühler Lagerung bis zu einem Jahr aufbewahren.

Register

S

T

W

Z